经营思维

企业经营的行动准则

具备经营思维你才能看懂企业经营的秘诀

韩永发◎著

SPM 南方传媒 | 广东经济出版社

·广州·

图书在版编目（CIP）数据

经营思维：企业经营的行动准则 / 韩永发著. —广州：
广东经济出版社，2024. 1
ISBN 978-7-5454-9002-2

Ⅰ. ①经… Ⅱ. ①韩… Ⅲ. ①企业经营管理
Ⅳ. ①F272. 3

中国国家版本馆CIP数据核字（2023）第215979号

责任编辑： 刘　倩　李沁怡
责任技编： 陆俊帆
责任校对： 陈运苗
封面设计： 集力書裝

经营思维：企业经营的行动准则
JINGYING SIWEI : QIYE JINGYING DE XINGDONG ZHUNZE
出 版 人： 刘卫平
出版发行： 广东经济出版社（广州市水荫路11号11～12楼）
印　　刷： 恒美印务（广州）有限公司
（广州市南沙经济技术开发区环市大道南路334号）

开　　本： 880mm×1230mm　1/32
印　　张： 6
版　　次： 2024年1月第1版
印　　次： 2024年1月第1次
书　　号： ISBN 978-7-5454-9002-2
字　　数： 110千字
定　　价： 88. 00元

发行电话：（020）87393830
编辑邮箱：gdjjcbstg@163. com
广东经济出版社常年法律顾问：胡志海律师
法务电话：（020）37603025
如发现印装质量问题，请与本社联系，本社负责调换。

序言

PREFACE

因为缘分，所以走进你的世界，来到了你的企业。我永远都相信缘分，毕竟这个世界那么大，能够认识并且同修实属不易。

很多企业家及团队在听过国财集团（简称“国财”）的培训课程后，加深了对业财融合的认识。企业家在掌握了业财融合的理念，具备了系统化思考、解决问题的能力之后，再面对以往在管理企业时那些看似毫无头绪、无从下手的问题，便能够凭借“业财融合”这个抓手将其抽丝剥茧、逐步理顺并最终解决。

然而，中国有数千万家企业，能够走进培训

现场的仅有极少数。大多数企业对浅显易懂、易操作、好落地的业财融合知识的需求远远没有得到满足。国财针对这部分企业的需求，将许多课程的内容整理后结集出版，以飨读者。

用经营思维打通整个企业管理：为什么我们的企业总是做不大？为什么以前的方法不灵了？为什么规模扩大了，利润却不能同步上升？这是许多中国企业面临的问题，也是许多老板苦恼的问题。我们有时会迷失方向，忽略企业的终极目标，或者认为利润是企业追求的终极目标。然而，越是追求利润，利润却离得越远。我们要从多种角度认识自己的企业，针对企业的情况，思考如何解决问题。只要我们在经营过程中有一种思维模式——经营思维，就拥有了一套解决问题的方法。

经营思维，就是以企业价值最大化为终极目标，运用财务的概念和方法指导企业的管理，本质是对企业的价值进行规划、对风险进行控制的一种管理思维模式。它是企业成功的关键之一。

企业经营思维具备以下特点：一是市场导向，即企业需要根据市场需求进行产品研发和销售；二是创新意识，即企业需要不断创新，才能在竞争中立足；三是风险意识，即企业需要在经营中时刻注意风险，并做好应对措施；四是团队合作，即企业需要组建一支高效的团队，共同推动企业的发展。

企业经营思维的重要性不言而喻。只有具备良好的企业经营思维，企业才能在激烈的市场竞争中站稳脚跟。同时，企业经营思维也是企业管理者必备的一项能力。只有掌握了企业经营思维，企业管理者才能更好地指导企业的发展，并作出明智的决策。

经营思维就是结果思维：业务是过程，财务是结果，没有结果的过程就是做无用功。

经营思维就是全局思维：局部好不一定代表全局好，我们要用全价值链管控的视角看问题。

经营思维就是财务思维：小公司以经营业务为主导，大公司以经营财务为主导。

经营思维就是算账思维：管理层要学会算账，要先算后干，干完再算。

一、经营思维是一种价值管理思维

企业的经营过程，是企业所拥有资金在各种形态下的不断转化，并且最终达到其增值目的的过程。我们将企业资金的筹集、使用、配置、耗费、收回和分配等一系列行为活动称为企业的财务经营活动，或称为理财活动。资金是价值的载体和表现形式，所以企业的财务经营活动也称为价值管理活动。

企业价值管理的实现有赖于一个管理理念的形成，这个管理理念就是：企业管理以经营思维为基础，以业财税法融合为手段，以财务管理为中心，以财务管理和价值管理为核心。将财务管理提高到企业管理的核心位置，要在企业中全面推行价值管理理念，这就需要企业管理者不断提高自身的财务知识水平，形成以价值管理为核心的经营思维模式。

二、经营思维是一种风险管理思维

风险来源于不确定性。资本在价值增值过程中所具有的不确定性，统称为财务风险。企业资金流转过程就是风险的转移和积累的过程，以货币形态为起点和终点的资金循环，可以简单地表达为企业资金的循环运动，资金运动主要积聚着四种风险：筹资风险、投资风险、经营风险、收益分配风险（如图1）。

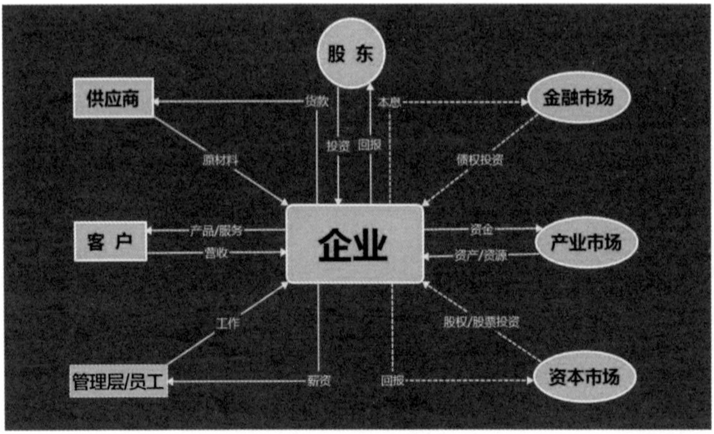

图1　企业的经营本质

第一，筹资风险，即到期无法偿还本金和偿付资本成本的可能性，是由于举债筹资而产生的应由股东承担的风险。

第二，投资风险，即无法取得期望报酬的可能性。

第三，经营风险，是指企业因经营状况和环境的变化而无法卖出产品并收回垫付资金，从而影响其按时支付能力的可能性。这一风险积聚在产出节点。

第四，收益分配风险，是指收益分配不当可能对企业今后的生产经营活动产生的不利影响。

三、经营思维的终极目标——企业价值最大化

现代企业财务理论认为，企业的最高财务目标应该是企业价值最大化。企业经济活动反映在财务层面，分为经营思维的终极目标和具体目标。按照西蒙的管理决策理论，“管理就是决策”，决策贯穿于整个管理过程，决策必须将一定的目标作为评判依据。①经营思维的终极目标由利润最大化向企业价值最大化转变。②企业财务管理的具体目标为达到企业价值最大化的目标，需要对总体目标具体化。

一般情况下，企业价值总体目标可描述为财务管理的三个具体目标。

（1）销售持续增长目标：提高市场份额及销售增长率。

（2）资产流动效率目标：提高资产质量及运营效率。

（3）财务风险控制目标：优化资本结构及控制财务风险。

企业只有力求同时实现销售持续增长目标、资产流动效率目标和财务风险控制目标，才会拥有较强的价值创造能力，更好地实现企业价值最大化的目标。

本书内容不局限于业财领域。笔者深知许多企业对企业管理知识的需求大多是模糊、综合的，企业在经营管理中遇到的问题也往往是非结构化的，很难按照战略、组织、营销、生产、人力、财务、企业文化等“分科诊疗”。因此，

基于国财多年的咨询实践和强大的咨询师团队，本书对于业财融合相关的战略、激励、股权、金融等方面的知识点均有所涉及。跨专业的知识体系有助于读者形成企业经营管理的整体概念。

目录
CONTENTS

引言

INTRODUCTION

开启价值之门，打开经营之眼

只有具备经营思维，你才能看懂企业经营的秘诀。

思维决定行为，行为决定结果。为什么销售总监、采购总监、生产总监、人力资源总监、财务总监等高管要有经营思维？我们常说“企业老板和管理层要具备经营思维”，那么它是如何影响我们经营管理的？可以通过以下案例来说明。

某公司请来了一名HRBP（人力资源业务合作伙伴）支持业务部门，帮业务部门提升业绩。HRBP认为，只要自己协助销售人员把产品卖出去，并且打造出“狼性”的团队，自己就算合格了。

这种想法是有问题的，因为他未考虑成本，产品卖出去就一定有利润吗？产品卖出去就马上有进账吗？

要知道“赔本赚吆喝”的情况并不少见，而且很多企业对于应付账款都是能拖则拖。

公司业务季度会上，分公司总经理公布了上季度的销售额，同比增长100%，销售额翻番。HRBP感到很振奋，带头鼓起掌来，他错误地把销售额等同于利润了。

会后他跟总经理聊起来才知道，虽然今年销售额翻番，但利润只有去年的1/4，利润并不随着销售额呈线性增长。这个数据说明，今年的收益不如去年。

总经理告诉HRBP：“虽然利润的大小决定一家企业在短期内能达到的高度，但真正决定企业未来的，是利润的可持续性。”所以公司要求每年都进行利润考核。

你看，如果一个管理者不具备经营逻辑，没有经营思维，他就不能够使用财务逻辑思考问题，不清楚成本和预算，无法把正确的业务思路给到业务人员。

何谓好企业，何谓不好的企业？好企业首先要赚钱，其次要有钱，还要能够值钱，并且活得要久。钱的多少一定是一个财务指标。所以，一个企业的经营目标，很大程度上是用财务指标来呈现的。

经营企业离不开管理，企业管理的终极目标就是增加企业利润、降低企业风险，而企业的利润多少、资金的充裕程度都是财务指标。所以经营思维其实是要给企业的经营管理明确财务目标，让企业的所有人员都以这个目标为导向。

一、为什么说只有具备经营思维及财务思维才能看懂公司战略?

财务就像能透视公司战略的X光，懂财务的管理者和企业家能从财务报表上看清企业的发展战略和成长性。比如，一家公司为了打开市场，采用的是成本领先战略，即薄利多销，价格定位于大众化市场。过了两年，为了追求利润，选择了差异化战略，在保证市场份额的情况下获得溢价报酬，价格定位于高端市场。这里涉及两个指标，即毛利率和周转率。成本领先战略下，毛利率低，周转率高；差异化战略下，毛利率高，周转率低。如果两个指标都低，就说明公司战略有问题，因为这意味着公司舍弃了毛利，却没有换来它想要的资金周转。如果行业整体的毛利率是60%，而公司毛利率只有30%，那么这家公司的经营肯定是有问题的。一个管理者如果不具备经营思维、没有掌握财务知识，就看不懂公司战略，在公司毛利率远低于行业毛利率时不知道分析到底是哪个环节出了问题，并根据分析结果去调整策略。

二、作为企业管理者要学习企业经营的哪些方面?

可以说，财务是商业的语言，只有懂财务，才能透彻理解商业的基本逻辑。

稻盛和夫曾指出：“不懂财务，不能成为真正的经营者。”

作为管理者，主要需要了解的是“2+3+9”模式，简单来说就是：两个关系逻辑+三大财务报表+九大经营思维准则。

两个关系逻辑

理解财务与业务之间的关系。简单来说，就是要了解公司经营业务（单一业务或多个业务）、公司定位（高端或大众化）、产品价位、目标客户等。

用财务的逻辑思维思考业务。要清楚，所有的企业都经历从投入资金到收回货款的过程。

三大财务报表

1. 资产负债表

公司连续运行，定期出一张资产负债表，等于定期给公司拍一张照片，记录公司在月底和年底的各种数据，检查公司的经营状况。

这里我们要记住一个公式：资产=负债+所有者权益。总的来说，资产负债表反映了我们花的钱（资产）、欠的钱（负债）和股东的钱（所有者权益）。

分析资产负债表的关键是看钱花得是否合理，也就是看资产结构和负债结构是否合理，资产质量的高低，钱的配置是否合理及是否符合公司战略方向。

我们把资产负债表形象地比喻为公司的“底子”。

2. 利润表

利润表是反映企业在一定会计期间经营成果的财务报表。由于它反映的是某一时期的业务经营情况，所以又称为动态报表。

我们把利润表形象地比喻为公司的“面子”。

3. 现金流量表

现金流量表是公司某段时间内现金流入流出的汇总，是公司现金流的表达，也是这一时期报表的“录像”，现金流量表反映的是企业的赚钱能力，说明现金来源、应用以及其增减变动的情况。

我们把现金流量表形象地比喻为公司的“日子”。很多企业“日子”过不下去的直接原因就是资金链断裂、现金流枯竭。

企业内部会出现三种语言：会计语言、业务语言和管理语言。我们从这三种语言出发，分析企业内部的沟通是否顺畅，销售、研发、采购、生产、人力资源等岗位的管理者有多少能听懂用会计语言表达的经营结果。比如，我们对销售总监讲应收账款周转率，销售总监可能听不懂，但是说“账期”就没问题；又如，我们说固定资产周转率，酒店的前台可能听不懂，但是说“入住率”就没问题。

所以财务人员不能和管理层讲会计的专业语言。实际上，财务人员是企业各部门的顾问，要用高管们能听懂的语言去表达，只有这样，财务部门的工作才能被其他部门理解，财务人员才能体现自身的工作价值，这其实也是业财融合的一种重要表现。同时，从财务管理的角度来看，账算不准不仅仅是财务部门的问题，我们的业务流是否有完整的单据？单据都实时传到财务部门了吗？很多时候，财务不规范的本源是业务不规范，这些都是业财不能融合带来的问题。

本书不是教管理层具体的财务知识，而是给大家打开价值之门、经营之眼，最终解决企业内部团队之间的沟通问题，解决业财融合的问题。

咨询师在做企业咨询时，经常见到企业部门之间、部门内部有各种矛盾，相互指责、各执一词的情况时有发生，导致业务流程不顺畅。产生这些矛盾的主要原因是每个人站在不同的角度思考问题，思考问题的方式也不一样。所以，作为企业中坚力量的经营管理层，必须具备经营思维，学会以企业经营的最终目标为出发点，站在企业层面考虑问题。否则，结果就是尽心尽力做了很多事，却未必是企业需要的。

很多企业在管理层次上都存在错位。老板做着管理层的事，管理层做着基层员工的事，导致基层员工只能想着老板的事。错位会导致企业战略不清、管理混乱。如果一家企业的老板是最大的销售人员，那这家企业肯定是做不大的，他顶多算是个体户，这种模式很危险。作为管理者，老板的职责不是签单，而是打造一支优秀的团队，并带领团队以最高效率完成企业赋予的职责。老板是企业战略的决策者，决定了企业的发展方向；管理层是企业战略的执行者，决定了企业运营的结果。所以，老板要做正确的事，管理层要正确地做事。

企业管理层要梳理一下各高管应该做的事情。比如，营销总监应制订营销策划方案、建立营销流程、打造营销团队；又如，财务总监应负责搭建业财税体系，设计业财融合实施步骤，搭建财务核算流程及管理报表体系，管控资金风险并完善资金预测流程，确定历史遗留问题的解决方案及税务规划方案，建立财务分析报告与决策支持机制，也就是要做到“赚到钱、管好钱、做好账、交好税、做好管控”，要治标也要治本。

管理层的“气质”决定了企业的“气质”，管理层什么样，企业就是什么样。

美国企业普遍的特点是规模大。世界500强企业至少有一半来自美国，比如沃尔玛百货有限公司（简称“沃尔玛”），其销售额相当于全世界排名从后往前数20个国家和地区生产总值总和，如果这个不好理解，我们再用另一个数据来说明，沃尔玛一年的退货金额如果作为一家企业的收入，那这家企业也可以进入世界500强。美国企业之所以呈现出这一特点，主要是因为企业的CEO（首席执行官）多是财务出身，他们更加关注股东价值最大化，所以在经营策略上倾向于并购、重组，将企业规模做大，实现资本市场上的增值。

德国企业的特点是精。管理层大多是工程师出身，对产品质量要求很高，坚持精益求精，把“质量就是生命”刻在骨子里。比如，德国汉莎航空，头等舱餐食配的不锈钢小勺的做工非常精美，令人爱不释手。

中国企业的特点是快。管理层大多是营销人员出身，企业资源多向营销部门倾斜，甚至很多企业出现了过度营销的情况。所以企业初期成长很快，迅速扩张，一旦市场出现变化，就会很快倒下。由于管理和研发方面投入的资源不足，企业的可持续性不强。

企业发展到一定规模，制约企业发展壮大的主要是管理层，我们将这类人称为“老白兔”，他们位高权重、不工作、充满负能量、爱抱怨、做事不负责任……在企业处于生死存亡之际，态度比能力更重要，“老白兔”们要怎么办？解决方法有两种：一是快速成长，且成长的速度一定要赶上企业的发展速度；二是做好副手，如果没有能力快速成长，那就做好服务、做好配合，不要成为企业发展的障碍。

大家对管理有多种解读，笔者会在本书中给大家讲解多个关于管理的理念。管理可分为管理的哲学和管理的科学，即管理的艺术和管理的技术。管理的哲学决定了企业管理的高度，管理的科学决定了企业管理的宽度；管理的哲学与企业文化、价值观、格局等因素相关，管理的科学与流程、工具、方法等因素相关。中国企业最不缺管理的哲学，优秀的企业也一定有自己独特的经营哲学。但是当企业发展到一定规模的时候，一定要用管理的科学进行管理，比如绩效考核就是一种科学的管理方法，虽然不一定是最好的管理方法，但是能够解决大多数员工的考核问题。需要注意的是，传统的绩效考核在没有九大经营思维准则支持的情况下，很容易流于形式，激化矛盾，后文会提到应该如何注意。

管理又可分为激励大体系和经营大体系。激励大体系涉及战略、文化、股权激励、绩效考核、阿米巴、平台创业、利润分享等，主要解决人的意愿度问题，解决权责利问题；而经营大体系主要包括产、供、销、财务、信息等，主要解决量本利问题。企业经营的实质就是经营量本利，有了量本利的"利"，才有权责利的"利"，一个"利"字，把两个系统连接起来，利出一孔，力出一孔。

激励只能解决人的意愿度问题，只有激励大体系，没有经营大体系，就无法正确、科学地做事，无法解决企业经营的"人治"问题。很多企业实际上就处于"人治"阶段，经营规模达到5000万元以上时就得经常"救火"，现在的经营管理机制无法支撑这么大的企业；企业销售额增长10倍时，现有的方法可能就不管用了。企业老板必须静下心来思考经营企业的方法，一定要根据企业的发展阶段，提前优化企业的经营管理体系，不能盲目追求高大上的经营花架子，而要根据企业的发展阶段来优化和调整。

激励方法只能解决高度的问题和意愿度的问题，但是只有动机和意愿是远远不够的。有人说钱散人聚，但笔者认为，钱散人不一定聚，如果钱没算清楚就分钱，就会钱散人也散。所以，把钱算清楚比分钱更重要！一旦企业出现问题，老板最容易犯的错误就是想通过激励的方法来解决所有的问题。要想把企业做好，就要把权责利与量本利一起做好，这时候算清楚钱才有意义。

所以，财务不仅仅是财务部门的财务，更是企业的财务，是提高企业利润、降低企业风险的财务，财务所表达的是企业的经营结果，与企业各业务部门息息相关，所以我们经营企业一定要构建业财税融合体系，让企业经营“一张皮”，不能为了一些小利而断了企业的大好发展之路。

以上所讲的是经营大体系中从业财税融合角度出发的思维层面的内容。未来企业经营将会面临更大的压力，利润、资金、市场竞争、产业周期变化、内外部风险等都需要应对。因此，作为企业中坚力量的管理层不能只关注本部门的利益，而要有全局观，立足企业整体利益进行经营管理。

九大经营思维准则

1. 投资回报准则

企业经营，其实就是两件事：赚钱和分钱。想要赚钱，就需要有资源以及组织管理能力，管理层要把公司花的每一分钱视作投资，争取做到“花小钱办大事，低风险高回报”。

2. 数据结果准则

利用财务指标掌控企业经营管理重点，经营思维就是结果思维，数据结果就是经营结果，数据是老板和管理层沟通的语言，目标是工作安排的起点，财务结果是工作的阶段性经营结果。

3. 业财税融合准则

要创造新的商业模式，把业务、财务、税务、法务融合在经营企业的思维中非常重要，业财税融合准则不仅能打通业务和财务、税务的信息链，同时也能提高管理者对财务的思维敏锐度。税不是做账产生的，而是业务产生的。企业经营什么业务，就交什么税。因此，税务规划要从业务交易开始，老板和管理层做业务要考虑对税的影响。

4. 现金第一准则

打造健康高效的“血液系统”。在不同时期，公司的战略选择不同，收益也不同。但无论在哪个时期，选择何种战略，保证现金流健康是基础。

5. 财务核算准则

企业经营就是赚钱、分钱两件事，算清楚是前提，否则会钱散、人散。财务核算是经营管理的基础，没有准确的数据，管理层就无法作出正确的决策，就无法发挥经营管控的职能。

6. 成本优化准则

开拓思路，全环节挖掘成本空间，经营企业不只是成本领先和成本控制，还强调成本优化。成本优化是企业实现高质量发展的基石，开源、节流、产业链协同创新，各个环节其实都有可优化的空间，要打开降低成本想象力的“天花板”，不能采用延长线思维，而要更新认知。

7. 业财管控准则

企业做大做强必然要经历规模化，这时就需要老板离场管理，前提是老板具备财务管控能力，能看懂财报，能透过数据看经营，并从中寻找改进方向。

8. 风险可控准则

健全内部控制和风险管理体系，决策过程就是平衡收益和风险的过程，我们不追求零风险，而追求风险可控。企业要注意预防财务风险、税务风险、系统风险，当我们意识到风险时，风险已然减半。

9. 体系建设准则

体系化、系统化是企业做大做强的基础。协调解决的是一个问题，系统化解决的是一类问题。老板要推动体系化、系统化建设，管理层要建设完善的经营管理系统。企业管理者需要处理大量的信息和数据，才能作出正确的决策。

只有掌握必备的经营思维，管理者才能更透彻地理解企业战略，清楚企业经营状况，知道如何作出更匹配企业战略的决策。

第一章

投资回报准则

投资就是花小钱办大事，低风险高回报

一个富豪到华尔街银行，用停在银行门口的劳斯莱斯做抵押贷了5000美元，借期为两周。

两周后，富豪来还钱，利息仅15美元。这时候，银行职员发现富豪账上有几千万美元，便问富豪为什么要贷款，富豪说："15美元停两周的车，在华尔街是永远找不到的。"

从这个故事中，我们能看到一个细节，富豪用自己的存量资产（劳斯莱斯汽车），省掉了几百美元的停车费，实际上就是赚了几百美元。

这个故事告诉我们一个核心道理，放在手里的钱无论多少，都只是存量，并不能产生额外价值，只有流动起来的钱才能随着时间的累积创造出更大价值。普通人和生意人的区别就是普通人把钱当作"劳动成就"，生意人把钱当作"生产工具"。

在这个故事中，钱变成了一种资源，一种可以在市场上通用兑换的资源。人们为了获得这种通用兑换的资源，创造出了经营企业这种赚钱效率最高的方式。在这种社会组织模式中，赚钱就是企业的核心目标。因此，企业赚的每一分钱都代表着这个企业的成功。企业账上的每一分钱在企业经营中都应该被视作一种投资，因为投资需要资金的支出，而支出则需要关注回报。

与其说不应该乱花钱，不如说应该把钱花在刀刃上。如果回报比较合适，那么增加投资就意味着增加利润。因此，企业的支出控制不仅仅要看花了多少钱，还要看这笔钱（投资）能够带来多大的回报。

大家都在想着怎么赚钱，这导致钱变成了稀缺资源，因此，花钱就相当于配置资源。花钱的地方代表着企业关注的重点，因此，正确地花钱是企业经营的难点之一。许多企业经营者往往因为没有把握住重点而浪费了资金和时间，同时错失了很多机会。而节约开支并不是不让企业花钱，而是在用钱的时候让支出达到预期的效果和起到预期的作用。企业管理层需要将每一笔支出都视作投资。

在许多情况下，企业减少开支并不是为了减少而减少，而是因为花费的金钱不能达到预期的效果和起到预期的作用。因此，解决问题的方法并不是控制经营管理层的支出，而是要了解如何花钱。因此，支配这种资源的管理层就变成了企业的关键要素。

许多企业声称要降低成本，但实际上，成本只会越来越高。为什么会出现这种情况？因为只有老板一个人真正想要降低成本，这不是技术问题，而是思维问题。管理层不需要过多关注如何进行投资，因为这是一项技术。管理层只需要时刻密切关注并记住上述思想，形成正确的思维模式，就能在资金运用方面作出正确的决策。

请不要对自己的能力产生怀疑。当我们在自己的生活中花钱，例如购车时，会考虑价格、维护成本、功能和油耗等各种因素，最终我们会买到真正物有所值的车。这种思想体现了投资回报的思维模式，我们追求用小钱换大利。因此，管理层只有始终保持这种思维模式，才能正确运用企业的资金，限制浪费，达到成本控制的目的。

降低成本不是简单的口号，也不能单纯地依靠财务部门的数据算计。实现降低成本的目标，重点在于花钱的人的认知和行动。只有花钱的人才能真正控制成本，管理层应当承担降低成本的责任。因此，我们需要以性价比为准则，审慎对待每一笔支出，把每一次消费视为一项重要的任务，避免浪费，从而实现有效降低成本的目标。

战略管理大师迈克尔·波特说过："商业竞争的本质目的是获得超越平均水平的投资收益，即利润或者投资回报，而非为了竞争去竞争；而企业真正的竞争优势在于超越竞争对手的相对价格或者相对低成本，或者两者兼具。"用一个简单的公式来表达：利润=价格-成本。

商业活动的核心目的是获得利润，只有创造了利润，企业才能持续经营。

从基本属性的角度来看，企业经营是一种有组织地提供顾客所需商品与服务的行为，而大多数商业行为是以成本以上的价格卖出商品或服务来赢利。换句话说，商业产生是因为个人需求得不到满足，从而带来了交易。因此，商业的核心是交易，而且是基于人们对价值的认识的等价交易。

但交易的内涵并非一成不变。在物质产品稀缺的时代，你卖什么，什么就畅销。但当世界主要经济体从一个巨大的需求市场逐步过渡为一个完全竞争的市场时，大家感到机会越来越多，生意却越来越难做。为什么？因为交易的内涵越来越复杂。

当今世界，正在逐步进入一个健康的商业交易结构，因此，一定要实现各方的价值增值，实现互惠。这种互惠现为企业要降低生产和交易成本，顾客要获得真正的需求满足和价值。

因此，无论时代怎么变，商业的本质并没有发生根本性的改变。对于企业而言，商业是价值创造，并且其商品和服务能够在成本控制范围之内产生利润。而对顾客来说，商业就是购买生活中不断产生的“需求”。这一点一直都会是真理。

在现实生活中，一家企业如果要想获得高回报率，那就必须在节约交易费用和理性评判企业的现状以及未来方面多做文章。对企业而言，企业家应该将经营企业作为一种投资来看待。这样有助于建立明确的企业战略，以及客观地评价企业现状，发现企业经营中存在的问题。

对于企业家和经营管理人员来说，在进行投资时，必须要作出客观、理性的判断。如果过于感性，就容易迷失方向，从而作出错误的决策。许多企业所面临的问题都积累已久，尽管存在明显的风险，但仍有部分企业家由于情感和执念，不舍得关闭企业。事实上，这些企业已经失去了存在的意义，投资回报率太低。

第一节

经营企业需要做好两件事：赚钱和分钱

企业最根本的目标就是赚钱，这也是创立企业的人不断寻找各种商业模式和经营模式的原因。在现代社会中，企业被细分成成千上万个不同类型的行业，如贸易、生产、技术、服务等，每个行业的经营模式都有其独特之处。然而，无论经营模式如何，最终要实现的都是通过业务运营来创造更多的现金流和赚取利润，然后将这些资金投入下一个业务运营中，进而实现不断发展的良性循环。其实，从新的角度来看，经营企业就是一个不断赚钱再分钱的过程。

赚钱是一种技术，老板和管理人员需要通过各种方法来实现现金流的增值，使企业一直保持赢利；而分钱则是一门艺术，只有合理地分配收益才能提高员工的团结力和积极性，才能保持企业的稳定性和赚钱的稳定性。在这个过程中，企业的各个部门需要通过合作来获得更好的经营成果。以生产型企业为例，业务流的运转包括接单、采购、生产和销售等，这些步骤需要紧密协作才能实现现金流的不断增值，从而实现企业和员工的共同利益。

企业运营不是一个人的事，而是一个团队的事，靠一个人是远远不够的。因此，在赚钱的过程中，需要进行分钱。

分钱有很多不同的形式和对象。其中，把钱分给员工，叫发放工资；把钱分给国家，叫纳税；把钱分给管理层，叫管理层的经营利润分享；把钱分给股东，叫股东分红收益；把钱无偿分给社会，属于公益行为。所以，把钱分给谁，分多少，如何分，所带来的结果都不一样。

【案例】

华为分钱采用两个基本的价值分配机制：获取分享制和评价分配制。

这两者在一定程度上相互对立但也相互补充。获取分享制适用于成熟和稳定的业务，根据业务单元创造的利润进行奖金分配，激励业务团队不断创造价值。评价分配制则适用于无法直接量化经济效益的业务场景，通过其他指标综合评估业务团队的表现，并给予固定形式的奖励，鼓励他们在其他方面的贡献，如技术创新、客户满意度等。

为实现精准激励，华为采取了两种分配机制并行的方式，针对不同情况设定适合的激励方案，确保价值分配公平合理。每个国家的情况不同，激励方案也会有所差异，可基于价值贡献的原则设计有针对性的激励方案。这样的综合激励机制让华为能够持续发展和创新。

在增长稳定的市场中，企业可采用提成制度，按照销售业绩或利润贡献来分配奖金，激励销售团队积极竞争。然而，在新区域或竞争激烈的市场，这种方式可能导致不公平，需要考虑更灵活、长期目标导向的激励机制，鼓励员工持续努力和创新，推动业务可持续发展。

第二节

做好企业的两个要素：资源和能力

经营好一家企业离不开两大要素：一是资源，二是能力。通常情况下，做好一家企业不但要有机遇，还要有一定的前提条件，比如资源、能力。资源+能力=结果，这是企业投资的逻辑。要管理好一家企业，让企业能赚钱这个大的逻辑一定要把握住。做好企业，不管它大、小、强、弱，都是由这两个要素决定的。有些企业团队能力很强，但经营结果不一定好，因为缺少资源；有些企业资源不错，但是经营结果没有我们想象的那么好，因为团队的执行能力差。

企业能够做大，一定是资源和能力双重推动的结果。

这里所说的资源，范围非常广泛，理论上来说，只要是能为我们所用的都可称为资源，包括市场资源、品牌资源、人才资源、资金资源、平台资源等，这些都可以成为经营企业的先发优势。

能力主要包含营销能力、创新能力、研发能力、管控能力、学习能力、资源整合能力、资源使用能力等。

虽然不同的企业业务经营范围不同，但是企业最本质的属性是投资，所谓业务，只是表象。所以，企业老板在经营企业的过程中，十分注重投资回报率的提升。

在经营企业过程中，实现高回报率的核心是依靠企业本身现有的资源，在资源的利用上不断提高自身的能力水平，以达成既定的目标。企业管理层的任务在于发挥所掌握的能力，在整合老板提供的资源的过程中，达成老板所期待的商业目标。当企业运营达到一定程度，拥有足够的资源时，更需要考核的是管理层的能力，或者说是资源利用能力。因此，企业在不断向前推进的同时，对管理层的能力要求也越来越高。

【案例】

根据2023年6月20日的官方公告，阿里巴巴集团控股有限公司进行了史上最大规模的组织架构调整。该调整主要涉及以下几方面。

张勇于2023年9月10日卸任阿里巴巴集团控股有限公司董事会主席兼CEO职务。

阿里巴巴集团控股有限公司董事会执行副主席蔡崇信接任阿里巴巴集团控股有限公司董事会主席职务。

吴泳铭担任阿里巴巴集团控股有限公司CEO，并继续兼任淘天集团董事长。

阿里云智能集团将进行完全分拆，并计划在未来12个月内完成上市。阿里云智能集团将设立六大业务集团和多家业务公司，每个业务集团和业务公司将成立董事会，并实行CEO负责制，以实现核心业务的独立运作。中后台能力有序进入相关业务集团和业务公司，并提供专业服务公司模式的共享服务。

拆分、融资和上市等工作正在有序进行。

该调整被视为阿里巴巴集团控股有限公司自我变革的重要标志，旨在推动组织效率提升和资源的最大化利用。通过内部竞争，阿里巴巴集团控股有限公司希望在正确的战略轨道上前进，实现更加振奋人心的发展。此次调整也被认为是“1+6+N”改革顺利推进的结果，旨在使阿里巴巴集团控股有限公司旗下业务能够更加独立地面对市场。

// 第三节 //

经营企业就是做投资

企业是经济社会的有机组成部分，是持续经营的独立实体，企业家应该把经营企业当作一种投资，这样有利于制定清晰的战略目标，对企业进行客观评价，发现企业存在的问题。

一般来说，市场上常见的公司包括两大类。

一是经营型公司。这一类企业的管理者像培养孩子一样，将所有的精力和资源用来经营公司，事必躬亲，从小事到大事，不允许别人质疑。

二是投资型公司。这类企业的管理者也很用心地经营公司，但更注重提升公司价值，在合适的时机引进资金或让出公司，用赚到的钱及融资继续投资下一家企业。

在评价一家企业经营或者投资的优劣时，项目评价至关重要，这种评价应该是客观、理性的。过于感性的情绪容易让我们迷失方向，导致我们作出错误的决策。在投资决策中，我们需要依靠事实和数据，而不是情绪或主观感受。只有通过客观地分析项目的潜力、风险和回报，才能够更准确地评估其可行性和价值。避免情绪的干扰，能够帮助我们作出更明智的选择，降低投资风险，并提高成功的概率。

总之，投资评价需要保持客观和理性，以确保我们在投资决策中能够作出明智的选择，最大限度地提高投资回报率，并避免可能的损失。

// 第四节 //

评价投资的两大标准：回报和风险

评价任何投资都必须遵循两个核心标准：回报和风险。不同的回报对应不同的风险。虽然某些投资回报丰厚，但若风险过高，我们必须舍弃。投资始终是一个抉择，高回报往往伴随着高风险，低回报则通常具有低风险。我们需要避免高风险、低回报的情况，在平衡风险和回报的基础上，慎重地选择不同风险水平所对应的回报组合。

每一次投资都必须全力关注回报问题，并对所得回报进行严谨评估。无论是实体产业投资（亦称企业经营）还是金融资本（亦称财务投资），每位投资者都努力追求公正合理的回报，也就是投资收益。

投资本身就存在着风险与回报的权衡。投资者自然希望能够在同等规模的投资中获得更高的回报，同时承担较小的风险。然而，通常情况下，高回报伴随着高风险，正如人们所说的：高风险，高收益。因此，在投资活动中，考虑风险与回报的平衡至关重要。在承受得起的风险范围内，追求回报最大化。

投资的重点在于用小本钱实现大利润，所有的投资活动都需要遵循这个理念和逻辑。

企业的管理层是最重要的资金支出者。他们不仅在花费资金上决策，还要追求投资的高性价比。必须高效率地使用资金，将其花在最关键的地方。花费的资金是否有效与技术高低无关，而与是否愿意做有关。愿望与企业的激励和企业文化有关。有些企业的管理层认为成本控制就是不让花钱，结果成本却居高不下。实际上，只要管理层把每一笔开支都当作投资来看待，企业的成本就会得到有效的控制，并避免浪费。成本掌握在资金支出者的手中，资金支出者需要实现支出节约以控制成本。如果不知道如何使用企业的资金，可以将它视为自己家庭的资金来管理。

第五节

企业赚钱模型

赚钱模型是投资回报准则的重点，决定了企业未来发展的方向。

企业赚钱是需要进行计算的。怎样经营才能赚钱？哪里干得好就赚得多？哪里干得不好就赚得少？要给出一条清晰的路径。投资者追求的是什么？投资要求回报，回报越多越好，那如何对回报进行衡量？投资回报率是企业经营追求的重要指标，是评价企业经营好坏的指标，是对总经理进行评价的指标，是衡量资源使用效率的指标。

老板最应该关心的指标是净资产收益率，即ROE。

ROE＝净利润÷净资产＝净利润÷股东权益＝赚的钱÷股东投的钱。

赚钱的最基本规律——经营透视模型。

ROE（赚钱能力）＝净利润÷销售收入（即销售利润率）×销售收入÷总资产（即总资产周转率）×总资产÷净资产（即资金杠杆比例）。

通俗来讲：ROE＝效益（白龙马）×效率（赤兔马）×杠杆（黑野马）。

用经营雷达扫描的话要扫描利润表（又称损益表）、资产负债表、现金流量表，暗含的思维分别是利润思维、资产思维、现金思维。

老板的赚钱能力可以用一个公式评估：销售利润率（盈利能力）×总资产周转率（管理能力、赚钱次数）×财务杠杆比例（偿债能力）。也就是我们常说的效益、效率和资金成本。更具象的表达是利润＝效益×效率×资金成本，也就是利润＝能力×资源。

一般来说，利润为10%左右属于合理范围的平庸公司，利润为15%左右属于较为优秀的公司，利润为20%及以上属于极为优秀的公司。

【案例】

韩校长拿10000元做些小生意。他在经过一番考察之后，选择做服装批发生意。第一个月，韩校长用10000元购进一批服装，每天在夜市上售卖，由于他服务热情，所卖的服装价廉物美，很受消费者欢迎。一个月后，韩校长卖服装收入15000元，赚的5000元贴补家用；第二个月，大受鼓舞的韩校长又拿10000元继续批发服装，没想到在挑选服装时，钱包不翼而飞，只得从上月赚的5000元中拿出2500元作为成本。2500元只能批发少部分服装，在市场不变的情况下，一周卖完再进货，再卖完再进货，这样一个月仍然卖了15000元，赚了5000元。那么，这两个月的经营结果相同吗？

投资10000元，卖服装收入15000元，利润5000元；

投资2500元，卖4周，利润＝15000元−2500元×4=5000元；

第一个月投资10000元，赚5000元，投资回报率＝5000÷10000=50%；

第二个月投资2500元，赚5000元，投资回报率＝5000÷2500＝200%。

同样是赚5000元，为什么投资回报率却不一样？原因在于两个月的初始投资额不一样，而且周转效率不一样，虽然第二个月的投资额只是第一个月的1/4，但周转效率却是第一个月的4倍，所以投资回报率不一样。

经营者需要在经营企业的时候重视以下环节，并且把这些环节落到实处，才能保证企业源源不断地赚钱。

（1）选择市场上的稀缺项目，以获得高利润率。

（2）通过管理控制成本，提高管理效率。

（3）想尽一切办法提高工作效率。

（4）所有中层都应该考虑成本控制。

（5）销售总监要考虑销售价格及回款对效率的影响。

（6）采购总监要考虑缩短采购周期、应付账款账期。

（7）生产总监要考虑生产周期对效率的影响。

（8）人力资源总监要考虑人工成本及员工的工作效率对企业经营结果的影响。

很多老板在经营企业的过程中，经常忽视一些最基本的常识，最后导致经营状态不健康。

所以，每个老板都需要时刻铭记经营企业相当于经营资源。而企业资源=人力资源+财力资源+物力资源，经营企业要配置人、财、物资源。

企业经营结果由效益、效率和投资三个因素决定。企业赚钱靠哪个因素推动，决定了企业的经营战略。以前靠投入赚钱，现在主要靠效率。企业竞争将会在效率层面展开，哪家效率高，哪家就能存活，哪家就能得到发展。

【案例】

“蓝血十杰”是“二战”时陆军航空队统计管制处的精英，他们在“二战”结束后受聘于福特汽车公司，并带来了管理变革。他们的管理理念和创新精神为福特汽车公司的复兴奠定了基础，并为后来的企业管理实践树立了榜样。

这些精英的管理哲学强调数据分析和市场导向，重视效率和管理控制。他们始终坚信数字和事实，并通过数据支持每个决策和问题解决方案。他们在福特汽车公司建立了严格的品质管理系统，用数字来度量产品质量，确保产品稳定和可靠，从而提高了公司的声誉。

"蓝血十杰"为福特汽车公司带来了一场革命性的变革。他们建立了明确的组织结构，进行了首次账目稽核，为公司建立了秩序和规范。他们的管理哲学成为公司复兴的关键因素，为公司赢得了重要优势，并奠定了现代企业管理的基石。

"蓝血十杰"重新定义了企业管理的职能，推动了利润中心的设立，建立了评估业务部门绩效和监控业务运作的标准，并重新定义了财务部门的功能。这些改革构成了现代企业管理控制系统的基本要素。

企业成功的关键不仅在于经营者的能力和胆识，更重要的是受益于国家经济飞速增长的大环境，使得敢于率先进入市场的人获得高额利润的机会更多。然而，在竞争对手众多的情况下，企业获得高额利润的机会越来越少。现今许多行业产能过剩，供给侧结构性改革政策的“三去一降一补”旨在解决这些问题。在市场容量有限的情况下，只有通过降低价格才能出售产品，因此，利润很难高涨。

以前企业的管理方式比较粗放，现在需要转向更紧密的集约式管理。这意味着企业之间的竞争会在效率方面展开，只有效率高的企业才能生存下来。企业的两个重要资源是人力和财力，因此，企业要想生存下来就要提高这些资源的效率。

未来的企业要向着高效率的组织转型。我们不能因为人工成本增加50%就认为生存变得困难，而应该努力提高效率以消化上升的人工成本。在人均工资上涨的情况下，通过提高效率减少用工人数，可以使总人工成本保持不变或者下降。

企业效益取决于所选择的行业，投资由老板决定，提高团队效率是管理层的责任。提高效率是提高利润的一个途径。

在企业经营中，周转效率是衡量企业运营能力的重要指标。要提高效率，就需要提高员工的工作效率和企业资产（包括存货、应收账款和设备等）的使用效率。

很多问题在企业自身经济增长的时候不明显，但在经济萎缩时就会显露出来。

企业经营者是提高效率的总负责人，其他各部门总监也应该为此出一份力。所有中层管理者都应该关注成本控制，成本对企业的每个人来说都非常重要。①销售总监应考虑销售价格和回款对效率的影响；②采购总监应考虑采购价格、采购周期和应付账款账期对企业运营的影响；③生产总监应考虑缩短生产周期，降低废品率，提高资产周转率；④人力资源总监应考虑人工成本以及员工的工作效率对企业运营结果的影响。

员工的问题主要是稳定性问题和效率问题。其中，稳定性差可能是因为员工的工资未达到其心理预期或者员工没有得到发展或成长的机会，员工出现效率问题可能是因为意愿不强烈和能力不足。员工的核心需求包括薪资、发展前途和成长空间。

企业有轻资产企业和重资产企业之分。

许多企业倾向于轻资产运营，因为轻资产比较容易转型，但是重资产模式并非不好。例如，苹果手机由重资产企业富士康进行加工，但它仍然表现出色。为什么苹果不自己加工？这是因为富士康能够在重资产情况下，让效率达到行业的最高水平。当然，在同等条件下，轻资产企业是更好的选择，因为资本投入更少，效率自然更高。这也是经营决策方面的考量。那么，如何将重资产企业转型为轻资产企业呢？一种方法是改为外包制造和加工，购买资产改为租赁资产；另一种方法是像通信行业一样，一个企业提供设备，其他运营商进行租用。重资产企业向轻资产企业转型意味着商业模式的改变，商业模式是利益相关者之间的交易结构。由于利益方不同、相关方不同并且有不同的主体，不同的交易结构所带来的商业模式结果也不同。

在利润率同等的条件下，提高投资回报率的方法主要体现在提高企业运营效率上，即提高资产周转率。资产规模越大，资产周转率就越低。因此，降低资产总额是提高资产周转率的一种途径。相较于重资产企业，轻资产企业的资产周转率更高，二者的财务流程、税务系统也都不同。

综上所述，企业应该聚焦于提高投资回报率和效率，只有这样，在现在的市场竞争中才有可能脱颖而出，这两个关键点是企业存活和发展的重要因素。

第二章

数据结果准则

利用财务指标掌控企业经营管理重点

学习财务知识对于投资者来说是非常重要的，因为这为投资者提供了理解和评估投资机会的关键工具，使投资者能够分析和评估潜在投资机会。

了解财务报表、财务指标和财务分析方法可以帮助投资者评估一家公司的盈利能力、财务稳定性和成长潜力。这些信息对于作出明智的投资决策至关重要；在风险管理方面，学习财务知识可以帮助投资者识别和评估投资风险（如表1）。

表1　财务报表和企业风险评估

财务报表	风险评估分析
资产负债表	应收账款风险：应收账款是否收回，是否有虚增的应收账款，有无坏账冲销
	其他应收账款风险：资金拆借是否牵扯不清，股东借款有无收回，注意长期挂账风险
	存货风险：注意识别存货积压、账实不符、未结转成本的虚假库存等风险
利润表	销售费用占比是否过高：了解当前销售渠道是否畅通、市场打开情况等，排查前期宣传工作是否做到位
	管理费用占比是否过高：内部营运效果差，可能存在形式主义的管理风险
	营业收入是否停滞下滑：企业发展增长受阻，可能存在市场开拓不顺、产品遇冷等情况
	营业外支出是否过高：除了必要的正面原因如企业捐赠外，其他情况支出过高可能是因为企业管理不善

续表

财务报表	风险评估分析
现金流量表	净利润：净利润为正，说明企业盈利能力强；净利润为负，说明企业盈利能力较弱，要维持正常经营，就要减少投资或向外融资
	现金流量：如果现金流量小于0，企业的经营现金流可能出了问题，入不敷出

通过了解公司的财务状况、债务水平、盈利能力和现金流情况，投资者可以更好地评估投资的风险水平，并采取相应的风险管理措施；在估值和定价方面，学习财务知识可以使投资者能够对资产进行估值和定价。通过学习财务概念和方法，投资者可以知道如何计算公司的内在价值，并与市场价格进行比较，这有助于判断投资机会是否被低估或高估，从而作出更明智的投资决策；在盈利能力分析方面，学习财务知识可以帮助投资者分析一家公司的盈利能力和财务表现。通过研究财务报表和指标，投资者可以评估一家公司的盈利趋势、利润率和盈利质量，这有助于判断公司的盈利能力是否可持续，并为投资决策提供依据；在战略投资决策方面，学习财务知识可以为投资者进行战略投资决策提供指导。通过了解公司的财务状况和业务模式，投资者可以评估公司的增长潜力和竞争优势，从而更好地选择投资标的并制定适当的投资策略。

掌握财务知识，投资者可以提高投资决策的准确性和成功率，从而实现更高的投资回报。

企业财务报表背后的商业行为逻辑：企业将人、财、物进行有效的组织管理，进而形成能对外销售的产品或服务，产品或服务通过一定的渠道到达客户手中，整个商业行为完成后，企业按照规则编制形成财务报表，展示给外部投资者。

具体来说，在企业管理过程中，主要有两种管理方式，一种是语文管理，另一种是数学管理。语文管理的特点是表达主观，会产生歧义。而数学管理则能表述企业的客观事实。

第一节

管理就是量化：没有数据的管理叫道理

数据是企业管理的基础。我们见过很多企业开会，人人都会讲道理，个个都讲得有理，遇到需要解决问题的情况往往是相互推卸责任，浪费大量时间，议而不能决，哪里谈得上管理？财务系统为企业经营提供数据化的信息结果，有了这些信息，才能进行比较，并知道是好是坏。

管理者根据自己公司的实际运营情况设计对应的经营管理报表指标，一切用数据说话。经营思维要从数据结果准则开始。数据结果准则是经营思维的起步。

数据化、结果化管理是一家企业管理规范的重要指标。只有掌握了数据，我们才能更接近事情的真相，发现更多的可能性，才有可能做到心中有数。

【案例】

在企业年终工作总结时，许多人倾向于写很长的报告，希望展现自己积极的工作态度。然而，这样的总结往往让人失去耐心，难以找到重点。实际上，好的工作总结不在于页数多，而在于用简洁有力的语言表达出关键信息，最好能够总结在一页纸上，这就是所谓“一页纸原则”。

例如，在提及“加强团队建设”时，仅简单地描述总体目标并不具备实质性价值。相反，我们需要明确具体的目标。比如2024年财务部门的计划是培养1名总账会计和1名成本会计，营销部门的计划是培养和招聘2名营销总监，物流部门的计划是招聘1名物流总监，等等。通过设立这种具体的目标，我们才能进行实际衡量和评估。

精练而重点突出的工作总结能够更有效地说明工作成果和目标达成情况，使读者更容易理解和吸收信息。这样的总结能够为企业提供有价值的反馈和指导，为未来的工作规划提供有力的支持。

第二节

数据是中层管理者与老板沟通的语言

在与老板沟通时，效率和准确性都是非常重要的。为了达到这个目标，我们应该掌握高质量的经营数据以及和领导沟通的原则。

沟通原则包括简明扼要、突出重点、数据为王、底数清晰、先说成绩后说问题、先说结论后说论据。

掌握沟通原则，可以让你与老板的沟通更加高效和精准。最终的目标是让老板在听完你的汇报后，只需要简单地说“好的，同意，选这个”。这样可以让老板更加放心地将工作交给你。员工只有与老板共赢，才能更好地开展工作。

【案例】

营销总监与老板进行沟通，对市场情况进行总结，说市场情况一片大好，盈利大幅增长；或者说市场很难做，有可能亏损……这些话没有实际意义。

营销总监需要改变表达方式，用数据来进行说明：

（1）本月销售额和目标达成率。

（2）一元收入销售费用率。

（3）本月产品销售比例。

（4）本月新客户销售占比。

（5）本月账期。

【案例】

人力资源总监在与老板沟通时，需要重点汇报如下问题：

（1）员工的离职补偿成本是多少？

（2）离职前低效率成本是多少？

（3）招人成本是多少？

（4）新人岗前培训成本是多少？

（5）用人成本是多少？

在企业管理中，所有经营行为都必须以数据为基础进行反映和支持。特别是企业的财务部门，在及时提供经营报表方面扮演着重要角色，构建稳健的财务体系至关重要。财务部门提供了数据和报表，但管理层不重视或者无法理解这些信息，这就是管理层的问题了。

为了有效地引导企业运营，管理层必须有经营思维，掌握阅读和理解报表与关键指标的方法。通过培养自身经营思维，管理层能够更好地利用财务数据来进行决策和规划。他们应该懂得运用报表和指标来评估企业的财务状况，了解业务运营的趋势，以及发现潜在的问题和机遇。

只有当管理层具备了经营思维，并学会看报表和指标时，企业的经营才能更加高效。

第三节

结果化管理

结果化管理是一种经过实践检验的管理方法，这种管理方法侧重于强调和追求实际结果和绩效。它的核心理念是将管理焦点从过程和活动转向结果和成果，通过明确的目标设定、绩效评估和有效的控制措施来实现组织的成功。

结果化管理的重要含义如下。

一是目标导向，结果化管理强调设定明确的目标和预期结果。这些目标通常是具体、可量化的，并且与组织的整体战略和使命相一致。通过设定明确的目标，组织能够明确期望的结果，并为员工提供明确的方向和焦点。

二是绩效评估，结果化管理要求对组织、团队和个人的绩效进行评估和测量。通过建立绩效指标和评估体系，可以对实际绩效与预期结果进行比较，识别出绩效差距，并采取必要的改进措施。

三是责任与奖励，结果化管理强调明确的责任和奖励机制。通过将结果与责任相联系，激励员工为实现预期结果而努力工作。同时，通过建立奖励和认可机制，可以激励和奖励那些取得优异成绩的员工，促进形成积极的绩效文化。

四是持续改进，结果化管理鼓励持续改进和学习。通过监测结果和绩效数据，组织能够识别问题和瓶颈，并采取相应的措施进行改进。这可以促进组织不断进步和发展，使组织适应不断变化的环境和需求。

五是整体观念，结果化管理强调整体观念和系统思维。结果化管理认识到不同部门和个体之间的相互关系和依赖性，强调通过协作来实现整体绩效。结果化管理鼓励跨部门和跨功能的合作，以确保整个组织朝着共同的目标努力。

通过结果化管理，组织能够更加注重实际成果和绩效，提高管理的效能和效果。结果化管理促使组织在目标设定、绩效评估、奖励激励和持续改进方面建立有效的管理机制，以实现组织的长期成功和可持续发展。

数据结果化管理会让企业文化变得简单。企业文化不一定能统一员工的思想，但数据结果化可以，明确的结果定义是经营指标执行落地的起点。

在现实中，企业的战略结果难以落地主要是因为：战略一厢情愿，文化空洞虚无，计划讨价还价，流程支离破碎，组织各自为政，考核零和博弈，激励急功近利，改进蜻蜓点水。

如果老板想改善自己公司的现状，那就需要在战略目标上，比如在关键职责、业绩跟踪、业绩评估、经营计划等方面明确每个员工一对一的责任，在过程中及时检查和给予奖励，按照结果来定义每个员工的责任和义务。

公司的经营结果要实现效益和效率的提高，那就需要老板在有效率的方法、可利用的资源、明晰的目标这些方面下功夫。

在结果化管理过程中，需要注意：目标≠结果、态度≠结果、任务≠结果、职责≠结果、借口≠结果。

另外，需要掌握结果化管理的三个要素：有时间，精确到年、月、日、时；有价值，能够跟公司交换筹码，可以支撑公司战略；可考核，工作做得好不好，有没有可衡量的标准。

结果化管理的死穴是含糊，结果化管理落地的关键是明确、数据化。结果经营会议要事实，不要推测；要数据，不要空谈；要对事，不要对人；要改进，不要道歉。结果定义改变员工行为，基于客户价值的结果定义是执行的起点。

让我们来看看九段秘书如何做结果化管理。

一段秘书：发通知——提前一天用电子邮件或其他软件发会议通知，然后准备相关会议用品，并参加会议。

二段秘书：抓落实——发通知之后，再打电话与参会的人确认，确保每个人都通知到。

三段秘书：重检查——在会前30分钟提醒与会者参会，确定有没有变动，若有人临时有急事不能参加会议，立即汇报给总经理，保证总经理在会前知悉缺席情况，也给总经理确定缺席的人是否必须参加会议留出时间。

四段秘书：勤准备——做完会前提醒后，测试可能用到的投影仪、电脑等工具是否正常工作，并在会议室门上贴便笺纸写明开会时间。

五段秘书：细准备——提前了解会议的性质、老板的议题，然后给与会者发送与议题相关的资料。

六段秘书：做记录——在会议过程中详细做好会议记录（在得到允许的情况下同时录音备份）。

七段秘书：发记录——会后整理好会议记录（录音）并交给老板，然后请示老板是否发给参加会议的人员或者其他人员。

八段秘书：定责任——将会议上确定的各项任务一对一地落实到相关责任人，经责任人确认后，形成书面备忘录，交给老板与责任人每人一份，并定期跟踪各项任务的完成情况，及时汇报给老板。

九段秘书：做流程——把上述过程做成标准化的会议流程，让其他秘书都可以根据这个流程，把会议服务的过程分为九个步骤，形成不依赖于任何人的会议服务体系。

我们再来看看公司的重要职位——销售客户经理是如何利用九段销售进行结果化管理的。简言之，销售就是走出去，说出来，把钱拿回来。一名销售客户经理如何做好销售，成为一名顶尖的销售高手？

一段销售客户经理：等上门——等客户上门，介绍产品，签订合约。这个段位的销售人员基本上是等客户上门，不主动搜索商机和寻找客户，所有的销售收入全部来自上门的客户或来电咨询的客户，这样的销售人员基本上是业绩完成不好并容易被公司淘汰。

二段销售客户经理：走出去——认真准备，主动寻找及拜访目标新客户。这个段位的销售人员知道，销售人员应该具备百折不挠、坚持到底的精神，应该不怕失败，到最后一刻也不放弃努力。

三段销售客户经理：做投入——把客户当亲人，在非业务层面做投资、做投入。这个段位的销售人员知道专业的业务知识和产品知识是生存的本领，知道花时间和精力，甚至投入金钱去学习和打造自己，并认为销售收入的来源主要是靠人际关系和公司产品，注重产品特点。

四段销售客户经理：塑价值——掌握高超销售技巧，塑造产品价值。这个段位的销售人员从销售型转向市场型，通过市场手段搜索商机、塑造公司和产品价值，进行大面积的市场宣传，善于运用市场促销活动、研讨会、产品折让等手段让客户主动购买。

五段销售客户经理：做成交——认真完成合同，信守承诺。这个段位的销售人员已经意识到，光靠人际关系、产品价值、市场活动已经不能赢得很多知识型客户，客户已经有了明显的个性化需求，一味推销产品，无法满足客户的需求，自己的产品已经不能解决客户的问题。这个时候就必须根据客户的需求，形成个性化解决方案。

六段销售客户经理：超期望——主动帮客户解决产品

使用中遇到的问题，提出新方案。这个段位的销售人员能站在专业角度和客户利益的角度，提供专业意见、解决方案以及增值服务，使客户能作出对产品或服务的正确选择，使产品或服务发挥其价值。通过这种方式建立客户对产品或服务提供者的感情及提高客户忠诚度，有利于进一步开展关系营销，建立长期稳定的合作关系。这个段位的销售人员能够了解目标客户，甄选目标客户，消除客户的抗拒心理，表现出亲近感，在最适当的时机让客户主动购买。在销售时能够有效地开场、有条理地询问、真诚地聆听、专业地介绍、有策略地谈判、巧妙地处理拒绝等。

七段销售客户经理：再成交——赢得客户的信任，客户重复消费，介绍新客户，再成交。这个段位的销售人员以客户为中心，做客户长期可信赖的朋友，不管是大客户还是小客户，都用心经营，尤其注意对老客户的提升，深挖老客户的内在需求，创造新的商业机会。不忘记对有潜力的新客户商机的挖掘，“潜伏”在有成长、有需求的新客户身边，积极地建立关系，了解其需求，为未来的成交作准备。

八段销售客户经理：做流程——总结成功经验（销售流程、技巧）。这个段位的销售人员具有以下几个特点：一是熟悉客户的购买心态和流程，并根据客户的购买流程设计自己的销售流程，让客户相信自己的产品或解决方案能帮助他实现目标、解决问题；二是和客户成为朋友，了解客户的基本情况，清楚客户的目标；三是尊重客户，知道先“诊断”，再“开处方”，学会倾听和提问；四是以专业的业务知识和市场知识，先求同再展示自己的不同，得到客户的认可；五是做诚信的人，知道信任等于真诚加能力，对客户倍加珍惜，做客户永远的合作伙伴。

九段销售客户经理：带团队——分享经验，帮助团队成员共同成长。这一段位的销售人员知道一个人的力量是有限的，必须打造一支能打胜仗的销售团队，并分享自己的销售经验，做教练式管理；同时知道团队要想获得成功，必须有统一的目标和价值观，并建立一套行之有效的绩效考核制度，实现优胜劣汰，保证团队的活力和打胜仗的威力。

卓越的销售人员须具备多方面的基本素质：自我认知、营销理念、法律意识、专业知识和社交技巧等。这些素质共同构成了他们丰富的知识体系，让他们在销售工作中克服障碍、不断进步。

自我认知是优秀销售人员的基石，他们了解自己的优势和劣势，并能不断反思和改进自己。营销理念使他们深谙市场和客户需求，能够精准定位和满足客户需求。法律意识让他们在销售过程中严格遵守法律法规，保护客户权益和企业信誉。专业知识是销售人员的核心竞争力，他们了解产品和行业知识，以专业的知识背景为客户提供有价值的解决方案。社交技巧则帮助销售人员与客户建立良好的关系，增进信任和合作。通过不断培养和提升这些基本素质，优秀的销售人员能够不断进阶，从普通销售人员成长为卓越的销售专家，为企业取得更大的销售业绩和成功作出贡献。

【案例】

国财的九段技术老师：

一段技术老师：精专业——独立解决财税“疑难杂症”。

二段技术老师：会沟通——放下自我，懂得倾听，并让彼此沟通愉快。

三段技术老师：巧呈现——养成顾问式思维习惯，能够设计全面系统的业财一体解决方案。

四段技术老师：有服务——提供独特的价值服务，让客户感到愉快并受益。

五段技术老师：懂客户——听懂客户语言，明白客户所想，走进客户心里。

六段技术老师：会成交——赢得客户的信任，客户重复消费，介绍新客户。

七段技术老师：擅研发——引领需求、升级产品和顾问咨询服务。

八段技术老师：做管理——分享经验，帮助队员共同成长。

九段技术老师：登舞台——青史留名，千年流传。

管理层要学会设定目标，并将这个目标传达给员工，因为员工只会关注自己的目标而不会关注别人的目标。让员工目标和团队目标一致，管理层需多下功夫。具体来说就是，定目标，追过程，控风险，拿结果，建立敢定大目标的文化，建立目标必达成的文化，建立敬重各冠军的文化。

管理层设定目标是组织成功的重要一环。一些管理层设定目标的技巧值得我们学习。

SMART原则：确保目标具备SMART特征，即具体（Specific）、可衡量（Measurable）、可实现（Attainable）、相关（Relevant）和有时限（Time-bound）。明确目标的具体内容、衡量标准、可行性、与组织战略的关联性以及完成目标的时限，有助于明确目标意义并提供明确的指导。

对齐组织目标：管理层的目标应与组织的使命、愿景和战略相一致。确保管理层的目标与组织目标相互支持和衔接，有助于实现组织的整体协调和一致性。

参与和沟通：鼓励员工参与目标设定过程，以加深他们对目标的理解和增强承诺感。通过定期的沟通和反馈，确保员工清楚目标的重要性、进展情况和自身在实现目标过程中的角色和贡献。

设定挑战性目标：设定具有一定挑战性的目标，激发员工的动力和潜力。挑战性目标可以激发员工的创新性和积极性，并推动组织向前发展。

分解目标和设定层级目标：将大目标分解为小目标，并在不同层级上设定目标。通过逐步分解目标和设定层级目标，使整体目标更易于理解和实现，并为员工提供明确的方向。

定期评估和调整：定期评估目标的进展情况，并根据实际情况进行必要的调整。管理层应定期审查目标的实现情况，并根据反馈和变化的环境条件进行适当的调整，以确保目标的及时性和有效性。

提供支持和资源：为实现目标提供必要的支持和资源。管理层应确保员工获得所需的培训、技能、信息和工具，以实现设定的目标。

激励和奖励机制：设立激励和奖励机制，以促使员工实现目标并获得相应的认可和回报。激励措施包括薪酬奖励、晋升、表彰等，以激励员工为目标。

运用这些技巧，管理层可以更好地制定具体、有意义且可实现的任务。

第四节

企业目标的确定

目标确定方法主要有两种。

第一种是正推法，具体来说就是，从公司现有资源出发，依据公司现有资源、过去历史数据、新增长项目、人力资源、市场、国家及行业形势分析，正推出公司目标。公司目标设定采用分级制，分别是保底目标、平衡目标、冲刺目标、挑战目标。

第二种是倒挤法，即从公司战略出发，确定目标，进行分解，再努力匹配资源，以期达成目标。为企业制定一个被动式目标，如公司上市、行业排名、并购、某类产品冠军、企业经营里程碑（如互联网行业销售冠军、互联网平台销售占比超过50%）等。

在讨论和实现企业目标的过程中，不要讨论目标的多少，而要聚焦于讨论实现目标的资源如何整合。比如作为中高层管理人员，你今年的目标结果是什么？个人目标结果是什么？例如：目标销售额1亿元，个人劳动所得600万元，开5家分公司。那么，从今天起，忘掉别人对你的看法，聚焦于自己目标的达成。

【案例】

小和尚捡了一堆柴，打了一壶水，希望能够烧开这壶水。

然而，当他准备点火时，发现柴不足以使水烧开。面对这个挑战，他有两种选择。一种是采用正推法，将水倒掉一半，然后用现有的柴烧开半壶水。这样虽然达成了目标，但实际上只用了一半的水，效率并不高，可以说是一种消极的方法。另一种是积极主动地去寻找更多的柴，以确保能够烧开整壶水。这是一种积极的方法，让小和尚更加努力，争取获得更多资源，最终达成目标。

在当前的市场经济条件下，每个人都应该积极主动地确定目标，并努力争取获得更多的资源，以实现目标。只有让自己更加努力、更加积极地向前迈进，才能获得更好的结果。

一般来说，企业层面确定的基本目标包括：销售目标，即计划实现多少收入；利润目标，即准备赚多少钱；投融资目标，即为了实现销售目标和利润目标，需要新增多少对外投资，如果资金不足以支持对外投资，还需要从银行贷款多少，或者从其他渠道融资多少；人才培养目标，即确定各岗位需要培养的人员数量，满足岗位职能需求；产品目标，即定期推出新产品，确保公司持续的竞争力；管理成熟度目标，即建立或完善企业八大管理系统。一般来说，企业的八大管理系统包括战略系统、产品系统、供应链系统、营销系统、财务系统、激励系统、品牌系统、文化系统。

每家企业都需要提前确定下一年的企业目标并制订方案；目标分解到营销部门、研发部门、采购部门、生产部门、人力资源部门、财务部门等，各部门依据目标制订实施方案。

第五节

管理的目的

管理的目的是通过规划、组织、领导和控制等管理活动，实现组织的目标，提高绩效和效率，促进协调和协作，优化决策制定，建立有效的管理体系，促进员工的全面发展，提高员工的参与度。通过有效的管理过程，组织能够实现长期的成功和可持续发展。

实现组织的目标：帮助组织实现其设定的目标。通过规划、组织、领导和控制等管理活动，确保组织资源的有效配置和利用，以获得预期的结果。

提高绩效和效率：提高组织的绩效和效率。通过设定明确的目标、优化工作流程、提供必要的培训等，帮助组织最大限度地利用资源，提高生产力和效率。

促进协调和协作：促进不同部门和个人之间的协作。通过明确的沟通渠道、协作机制和决策流程，建立有效的团队合作和协同工作机制，以实现组织目标。

优化决策制定：提供决策制定的框架和方法。通过数据收集、分析和评估，为决策者提供所需的信息和工具，以便其作出明智的决策，并最大限度地降低不确定性和风险。

建立有效的管理体系：帮助企业建立有效的管理体系和组织结构。通过分配责任和权限、建立工作流程和制度、进行适当的控制和监督，确保组织的顺畅运行和合规性。

促进员工的全面发展，提高员工的参与度：关注员工的发展和参与。通过设定明确的目标、提供培训和发展机会、鼓励员工参与决策和反馈，促进员工的个人成长，提高员工的参与度，提升组织的人力资本。

管理的最终目的是管理员工的行为，管理最重要的是管理过程：有好的过程，才有好的结果。管理过程的核心是控制关键节点，定时间、定目标。管好过程，才有最终结果。

第3三章

业财税融合准则

创造新的商业模式

业财税融合是指将企业的业务管理、财务管理和税务管理三个方面有机地结合在一起，以实现综合管理和协同发展的目标。这种融合的理念和实践旨在提高企业的整体绩效、降低成本、优化资源配置，并满足法律法规的要求。

具体而言，业财税融合的主要内容包括以下几个方面。

业务管理与财务管理的融合：通过将企业的业务决策与财务决策相结合，实现对业务运营和财务状况的综合管理。这包括将财务指标和报表与业务指标相结合，进行业务绩效评估和财务分析，以支持决策制定和业务优化。

财务管理与税务管理的融合：将企业的财务管理与税务管理紧密结合，确保财务活动符合税法规定，同时最大限度地降低税务风险和税负。这包括合理的税务筹划、准确的税务申报和纳税义务履行，并与财务报表和财务分析相协调。

信息技术支持与业财税融合：通过信息技术的应用，实现业务、财务与税务数据的整合和共享，提高信息的准确性和及时性，优化业务流程和财务运作。信息系统的建设和管理对实现业财税融合具有重要的支持作用。

通过业财税融合，企业可以更好地协调、整合各个管理领域，实现资源的优化配置和综合效益的提升。此外，业财税融合还有助于提高企业的竞争力、降低经营风险、增强可持续发展能力，并有助于提升企业在税务合规方面的管理水平。

需要强调的是，税不是做账产生的，而是企业经营业务产生的，不能本末倒置。

对一家企业来说，业就是如何赚钱（经营模式），财就是如何管钱（管理方式），税就是如何分钱（分配机制）。一家企业制定业财税一体化的流程如图2、图3所示。

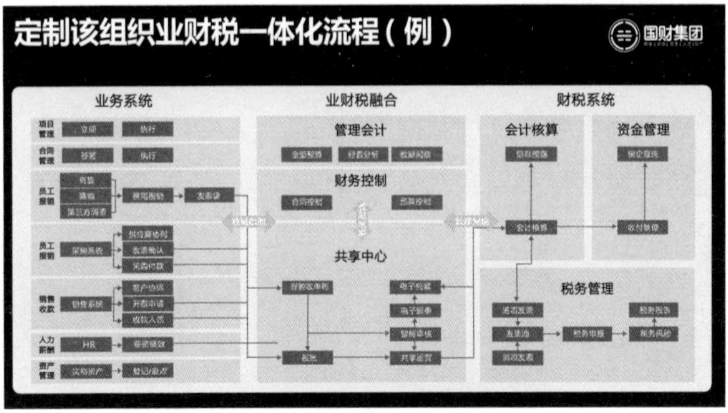

图2 制定业财税一体化流程简例

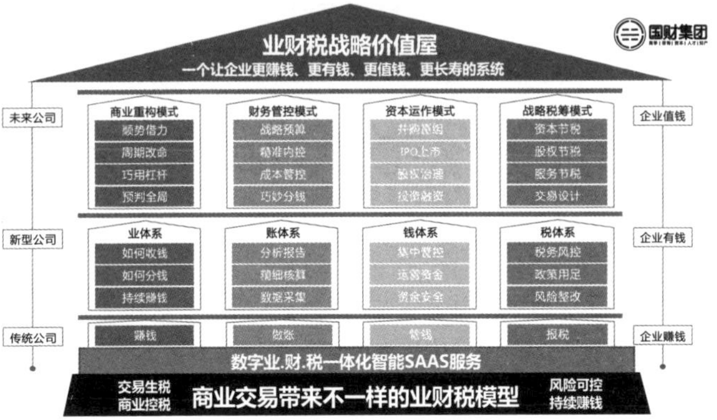

图3 业财税战略价值屋

真正的业财税融合是在了解各项税收优惠政策的前提下，结合企业的行业属性、组织架构、商业模式等，进行综合系统的重构和规划，让企业税负达到合理水平。业财税融合的纳税筹划是企业经营自主权的具体体现，是企业商业模式创新在纳税环节的具体体现。

创造新的商业模式，不仅可以帮助企业赚钱，而且可以帮助企业省钱。创新是纳税筹划的本质和灵魂，是通过合理的税收筹划给企业创造利润和价值。

越来越严格的财税征管环境，倒逼企业必须基于财税元素重构商业模式。

最近几年，基于财税元素重塑企业的典型代表是华为。

【案例】

孟晚舟是华为财务管理方面的重要人物。她于1993年加入华为公司，担任华为公司的国际会计总监、华为公司香港分公司的CFO（首席财务官）以及账务管理部的总裁。不仅如此，她还被任命为华为公司的CFO、副董事长、轮值董事长。

从2003年开始，孟晚舟主导了华为财经方面的变革，构建了全球统一的财经组织架构、流程、制度和IT（信息技术）平台。2007年至2014年期间，她引领华为在全球范围内推行了IFS（集成财经服务）变革，为公司的持续成长奠定了精细化管理的基础。

2014年，孟晚舟带领华为进行了数据方面的变革，建立了完善的数据管理体系，实现了全面的数据整合。与此同时，她改善了财务报告内控，确保了账务的准确性，优化了资金管理和税务管理，使得财经组织能够成为业务伙伴和价值整合者，为公司在全球范围内的业务拓展提供了有力的支持。

自2019年以来，孟晚舟积极推动财经数字化整体蓝图，以适应公司的前瞻战略和长期发展规划。通过建立风险探针和风控模型，实现了无接触式的风险管控；建立了敏捷经营管理体系，基于数据和人工智能算法，实现了经营管理和决策的智能化；建立了作战指挥一体化平台，通过数据的透明性和实时交互，实现了关键财经作业场景的协同作战和立体指挥。在她的领导下，华为的财经组织成为全球领先的数字化和智能化财经组织，为公司打下了坚实可靠的经营基础，助力公司在新时代实现战略目标。

华为的业务遍布170多个国家和地区，每个月的财务报告初稿只需3天就能完成，终稿只需5天就能完成，年度财务报告初稿则只需11天就能完成。

财务人员的本职就是为业务服务，为第一线作战服务。财务人员不能继续扮演“账房先生”这个角色了。企业要抓好经营管理，通过经营管理支撑并驱动企业业务健康发展和有效增长。而当下不少企业的财务人员还处于传统的做账、记账层面，所以，财务部门往往被称为“财务管理部”或者“财务中心”。而在华为，财务部门则被称为“财经管理部”或者“集团财经”。“财经”与“财务”，一字之差，含义却相差甚远。

“财经”包含了财务与经营，“财”是指财务，“务”是业务，财务、业务、经营三位一体，支撑并驱动公司业务发展和增长。具备经营思维的人既有财务思维又有业务思维。

现在很多财务人员日常的账务核算越来越偏离企业的经营目标，进而导致财务人员离老板的距离越来越远。目前，好多财务人员经常抱怨：老板不重视财务，财务人员的工资最低，开会从来不让财务人员参加。其实，财务与业务是密不可分的，都是为了一个共同的目标——为企业创造价值，也就是业财融合。

财务人员检验自己是否具备业务型财务思维，需认真地回答以下问题。

问题1：你公司经营的产品定位是什么？具体的业务模式、盈利模式是什么？

问题2：你公司的客户群是什么？前十大客户你都认识、熟悉并做到有效的客户管理了吗？

问题3：你公司的前十大供应商你都熟悉并一直在沟通吗？

问题4：你公司产品的生产工艺、工序流程以及产品配方，你了解吗？

问题5：你公司的销售绩效方案设计、公司架构、股权设计、组织制度建设以及人员结构、薪酬设计等，你是否非常清楚？

问题6：你公司的企业文化、专利技术、商标等无形资产，你是否清楚？

问题7：你公司未来的发展目标、公司战略规划以及下一步经营走势，你是否非常清楚？

问题8：你公司的经营薄弱点或者短板在哪里？你公司在同行业中具有什么优势？

问题9：你公司外部关系的协调处理，你是否参与并跟踪？对于外部风险，你是否能做到及时预知以及有效防范控制？

问题10：你是否把公司的业务、财务、税务、法务融为一体，并将公司信息技术融为一体？你懂得从多视角看待你所在的公司吗？

那么，财务人员懂业务要懂到什么程度？华为财经团队对财务人员提出了“五懂”的要求：懂项目、懂绩效、懂合同、懂会计、懂产品。一个具有高附加值的财务人员应该从财务中来，到业务中去。

【案例】

来自新加坡的周受资是一位具备CFO背景的首席执行官。2023年3月23日深夜，他经历了一场严峻的考验。

那天，在美国国会众议院能源和商务委员会举行的听证会上，周受资代表TikTok应对美国政客们的严峻审问。这场漫长的听证会持续了超过5个小时，结束后，周受资在TikTok内部发表了一封信，详细阐述了听证会的情况。在这封信中，他形容这场听证会是一场充满挑战的考验，几乎没有机会进行充分的澄清。这一夜对于中国科技圈来说是一个不眠之夜，引发了关于“生死时刻”的广泛讨论。然而，美国政客们的强硬立场、片面观点和自我陈述，使这场听证会变成了一场政治秀。

2010年，周受资加入了投资公司数字天空技术投资集团（DST），这时的他所从事的是建立人脉的基础工作。外媒曾报道称，这位快人快语的哈佛大学MBA（工商管理硕士）毕业生，花了一年时间努力结识中国20余家顶级金融咨询机构的主要合伙人。

完成这一基础工作后，周受资开始了他的行动。

2012年，在周受资的推动下，DST参与了小米的C轮融资。

2013年，DST再次参与小米的D轮融资，而周受资在其中发挥了关键的作用。

2014年，DST继续跟进小米的E轮融资。连续三年的投资活动充分显示了周受资对小米的热情与投入。当然，这种热爱不仅仅体现在金钱上。

2015年，周受资正式加入小米，担任CFO一职。自那时起，他与小米的故事便成为人们津津乐道的话题，也标志着他个人职业生涯的重大转变——从投资人到企业家的转型。

小米创始人雷军曾评价周受资拥有一种不屈不挠的奋斗精神。而小米集团前高管Hugo Barra则表示，周受资的中西方双重文化背景对于致力于在全球舞台上获得成功的中国公司来说，是不可或缺的优势。

2021年，小米集团宣布周受资辞去其执行董事职务，这标志着周受资在小米的职业生涯画上了句号。这段经历使周受资从一个投资人华丽转变为一位企业管理者，并为他之后的人生奠定了坚实的基础。

在企业经营中，把业务、财务、税务、法务融合在经营企业的思维中非常重要，这种思维不仅能打通业务和财务、税务的信息链，更能提高管理者对财务的思维敏锐度。税主要由企业的业务决定，也与管理层的决定相关，财务部门主要对已经确定的交易进行税额计算，税务规划要从交易开始。

企业的顶层架构也与税相关，老板在进行战略决策、设计企业顶层架构时，需要考虑相应的税收影响。股权设计不好，未来进行股权交易时就会产生很高的税。

比如，企业上市，以挂牌新三板为例，股改要交几十万元的税。又如，有好的新项目需要进行投资，原来做A企业，想再开个B企业上新项目，那设立B企业的钱从哪里来？多数老板会直接从A企业拿，想拿多少就拿多少，这样做是不对的，A企业的钱是属于A企业这家法人实体的，在没有缴纳股东分红的个人所得税之前，股东无权直接从企业拿钱。之所以出现这样的情况，是因为企业在进行顶层架构设计时没考虑清楚。

不懂业务交易就没办法进行规划，交易最主要的载体是合同，而财务人员在交易完成前没看过交易合同，就无法预先知道业务交易是怎样进行的。因为是业务决定纳税，而不是财务决定纳税，所以一定要进行业务和财务融合的设计（如图4）。

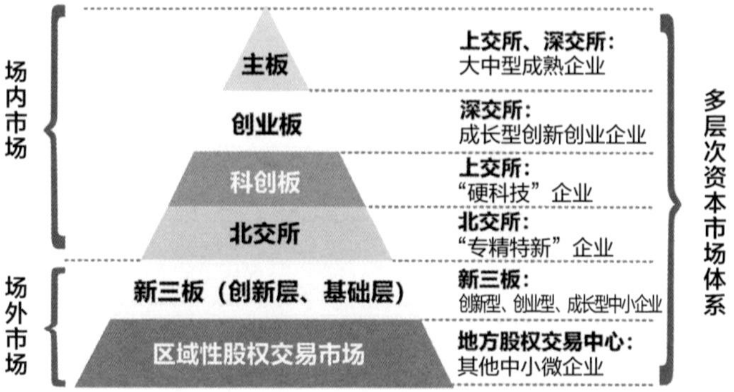

板块	主板	创业板	科创板	北交所	新三板
	上交所、深交所	深交所	上交所	北交所	全国中小企业股份转让系统
成立时间	1990年	1990年	1990年	2021年	2012年
定位	大中型成熟企业	成长型创新创业企业	高新技术企业和战略新兴产业企业	专业化、精细化、特色化、新颖化的中小企业	创新型、创业型、成长型中小企业
发展阶段	成熟期	成长期	成长期	成长期	初创期与成长期
行业限制	禁止限制类、淘汰类行业	农业、采矿业等12行业	限制金融科技、房地产业等行业	禁止淘汰类、房地产业、金融业等行业	禁止房地产业、类金融、其他法规限制企业

图4 中国的资本市场

我们并不是要求管理人员都成为税务专家，只是管理人员要考虑每笔业务对企业纳税的影响，不清楚就多向财务人员咨询，财务人员要从业务一开始就进行税务规划，其中发票管理是纳税规划的第一步。

第一节
企业缴多少税与财务部门做账没关系

企业缴多少税与什么有关？大多数人马上想到的是财务部门，认为这与财务部门做账有关。甚至有一些老板说他们企业的财务人员水平很高，高在哪里呢？原来是企业缴的税非常少，这真的一定好吗？缴税少不一定代表水平高，还要考虑风险有多大。

企业缴多少税与什么有关？具体来说有两个相关因素——交易生税和商业控税。

【案例】

空调厂家销售空调并提供安装服务，A方案是在销售空调的同时提供安装服务，为混合销售行为，需按所销售货物缴纳13%的增值税；B方案是将销售空调与安装服务分别由两家企业完成，销售企业按13%缴纳增值税，安装企业按6%缴纳增值税。将业务拆分后，适用不同税率，可降低整体税负（如表2）。

表2 企业性质不同，纳税不同

销售方案	销售总额（含税）/ 元	销项税额 / 元
A方案	3000	345.1
销售收入	3000	345.1
B方案	3000	333.4
空调收入	2800	322.1
安装收入	200	11.3

业务交易方式、对象、地点的不同，对企业产生的纳税影响不同。所以，在进行交易之前，必须将交易合同提交给财务部门进行审核并签署意见，财务部门必须留存合同原件。

我们必须搞清楚税是如何产生的：交易本身产生税，交易结果产生税，利益分配产生税。必须搞清楚税因何不同：交易对象不同，税不同；交易主体不同，税不同；纳税地点不同，税不同。

所以，在纳税规划上一定要明白一些必备原则，所有的节税规划都是为了服务企业战略发展，不能支撑企业发展的财税筹划不是好筹划（如图5所示）。

图5 增值税的底层逻辑

第二节

发票对纳税的影响

现实中，发票会对一家企业的纳税产生很大的影响。要解释发票对纳税的影响，需要先简单了解中国的税法体系。中国的税法体系比较复杂，所以发票一般都需要由财务专业人士进行处理。发票对纳税的影响主要包括发票种类对纳税的影响和发票不合规对纳税的影响。

企业经常接触的税主要有两大类：一是流转税类，主要是增值税（消费税及关税只有少数企业涉及），属于间接税，不管企业是否赚钱都要缴纳；二是所得税类，分为企业所得税和个人所得税，属于直接税。企业所得税即企业赚钱之后才需要缴纳的税，税率一般是25%，也有其他优惠税率，比如15%或20%。

在企业经营中，很多企业在采购环节不要发票，因为觉得要了发票就不便宜了。但是，不要发票真的更便宜吗？

哪个更合适，我们现在算一下。

比如要发票需付款10元，想便宜就不要发票，那需要支付多少才合适？假设我们都要规范做企业，不能承担风险，不要发票给多少钱？粗略算一下，不要发票则不能抵扣增值税和所得税，则只需要支付6.2元。但对方肯定不会以6.2元的价格卖，所以，企业为了不承担过多的税，能要发票的，必须要发票，否则成本太高。

相信多数老板都希望把企业做大，做成百年企业更是不少企业家的梦想。企业要想做大做强必须走规范之路。

发票种类对纳税有很大的影响，发票种类很多，不同的发票对纳税的影响是不一样的。为了便于理解，我们从与增值税相关的角度对发票进行分类（如表3）。

表3　不同类型发票的税率

<table>
<tr><th>项目</th><th>一般纳税人</th><th>小规模纳税人</th></tr>
<tr><td>专用发票</td><td>可抵扣</td><td>可抵扣</td></tr>
<tr><td rowspan="3">可抵扣税率</td><td>13%</td><td rowspan="3">3%、1%</td></tr>
<tr><td>9%</td></tr>
<tr><td>6%</td></tr>
<tr><td>普通发票</td><td>不可抵扣</td><td>不可抵扣</td></tr>
</table>

提供专用发票或普通发票，对供应商的纳税影响是一样的，但对于采购方来说差别就非常大。供应商提供专用发

票，则可抵扣进项税额；提供普通发票，则不可抵扣进项税额；同样，取得专用发票，发票税率不同，可抵扣的税额就不同，如果可抵扣的多，则企业缴的税就少。花相同的钱，要尽量取得可抵扣税额高的发票。

企业可抵扣多少税额主要取决于对供应商的选择，所以采购人员不要以为把材料采购回来就完成了工作。不关心发票，总说税高，在采购时想要价格便宜而不要发票，却不考虑增值税税率加上所得税税率差不多有38%。有时就算要发票采购价格高一些，也可能是合适的，我们可以简单算一下（如表4）。

表4 发票的抵扣差异

项目	总金额/元	可抵扣税额/元	不含税额/元
13%的专用发票	11.3	1.3	10
3%的专用发票	10.3	0.3	10
普通发票	10	—	10

因此，财务部门只有对业务部门取得的发票类型提出合理要求，才可以控制企业税负。发票管理是纳税规划的第一步。比如，财务部门要求在采购合同中填写清楚对发票的要求，包括对方开具的发票类型和发票的取得时间。对供应商

而言，开普通发票和专用发票是一样的，所以业务部门应在采购前提出要求。

【案例】

中国发票电子化发展过程中，一共出现过增值税普通/专用电子发票（即纸质发票、电子发票，简称“纸电发票”）、区块链电子发票（简称“区块链发票”）与全面数字化的电子发票（简称“全电发票”）三种不同的电子发票介质，其中，全电发票更是推动传统的节点电子化向全局数字化升级。

按照税务总局发票电子化改革建设工作部署，全电发票的开票和受票范围分别得到了扩展。2021年12月1日起，广东（广州、佛山、横琴粤澳深度合作区）、上海、内蒙古（呼和浩特）三地开展全电发票开票试点，起初受票方为三地自身。截至2022年11月底，开票试点已从三地扩展为广东（不含深圳）、上海、内蒙古、四川、厦门。如今，受票试点已从三地全面扩展至全国（如图6）。

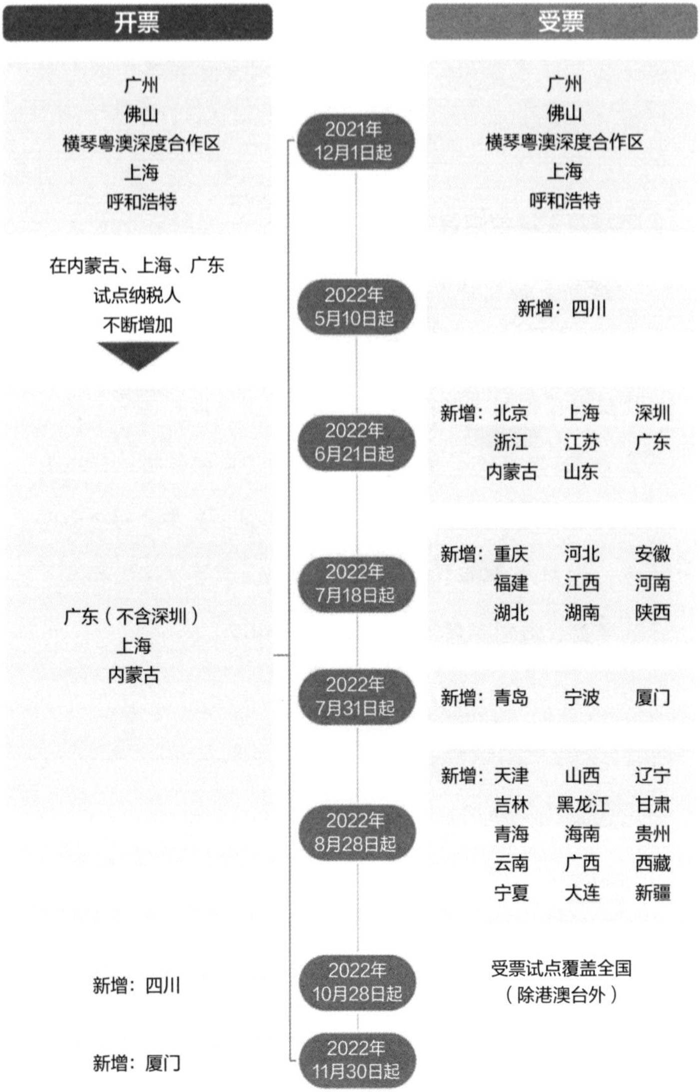
开票
受票
广州
佛山
横琴粤澳深度合作区
上海
呼和浩特
2021年12月1日起
广州
佛山
横琴粤澳深度合作区
上海
呼和浩特
在内蒙古、上海、广东试点纳税人不断增加
2022年5月10日起
新增：四川
2022年6月21日起
新增：北京 上海 深圳 浙江 江苏 广东 内蒙古 山东
2022年7月18日起
新增：重庆 河北 安徽 福建 江西 河南 湖北 湖南 陕西
广东（不含深圳）
上海
内蒙古
2022年7月31日起
新增：青岛 宁波 厦门
2022年8月28日起
新增：天津 山西 辽宁 吉林 黑龙江 甘肃 青海 海南 贵州 云南 广西 西藏 宁夏 大连 新疆
新增：四川
2022年10月28日起
受票试点覆盖全国（除港澳台外）
新增：厦门
2022年11月30日起

图6 全电发票实施时间

2025年基本实现发票全领域、全环节、全要素电子化。全电发票势在必行，纳税人应对全电发票予以全面了解并积极应对。

全电发票关键要点解析

根据三种电子发票的技术特点分析，纸电发票是将纸质发票票面电子化，因此具备大部分纸质发票的特征；区块链发票则利用区块链技术实现“交易即开票”，实现“资金流+发票流”合二为一，减少了发票领用等传统的限制；全电发票则通过全领域、全环节、全要素的全面电子化，利用电子化手段实现“资金流+发票流+业务流”三流审查，达到以数治税的目的（如图7）。

开票方

纸电发票		全电发票
• 领用税控盘/UKey • 申请特定号段的发票，发票信息生成后，系统自动分配唯一的发票号码	领票	• 自动生成唯一的发票号码
• 税控软件 • 税控盘/UKey	开票	• 不用税控设备，目前是通过电子税务局开具
• 限定一个月领用发票的数量 • 限定单张发票不含税金额	票种票量核定	• 设定总额度，没有开具份数和单张开票限额 • 总金额不足时，系统自动调整/人工调整
• 元素多 • 在备注栏填写特殊事项 • 纸质发票、部分电子发票加盖发票专用章	票面	• 票面简洁 • 定制化，特殊业务有特殊样式 • 不需要加盖发票专用章
• 纸质发票没跨月可以作废 • 电子发票只能红冲不能作废 • 受票方已经抵扣的，只能受票方申请开红字发票	红字发票	• 只能红冲，不能作废 • 受票方已经抵扣的，双方都可申请开红字发票
• 纸质发票邮寄 • 电子发票发送邮件	交付发票	• 税务数字账户自动交付 • 电子邮件、二维码交付、下载PDF等发送自行交付
• 获取税控系统开票数据	纳税申报	• 获取电子税务局开票数据

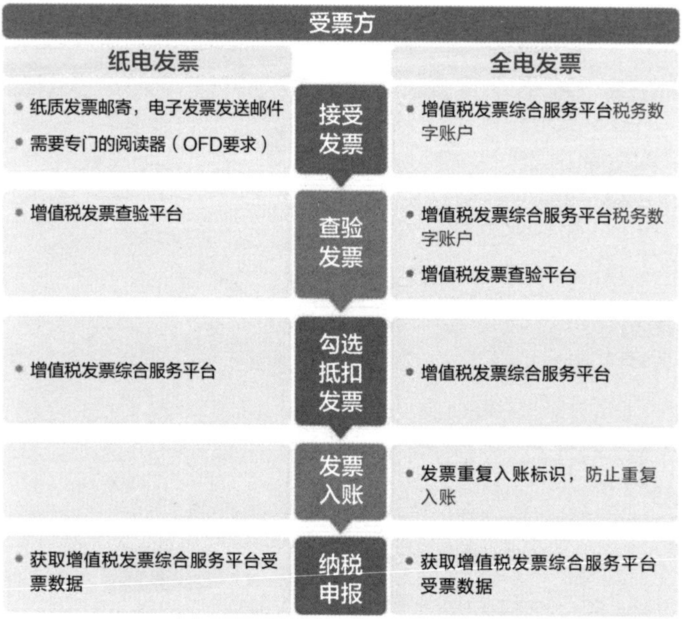

图7　全电发票与纸电发票各环节的对比

与广东省税务部门沟通了解到，区块链发票未来不会扩大试点范围，且不涉及进项税额抵扣环节。全电发票和纸电发票的主要差异是，全电发票额度转变带来效率提升。

与传统纸电发票相比，全电发票无须提前领用，不设单张票面限额，仅控制纳税人当月“开具金额总额度”，与纳税人的信用、风险和公司经营情况挂钩。对于新办纳税人需要每次办理发票增量、增版来说，全电发票对发票额度的管理思路有效提升了效率。

值得注意的是，目前纸电发票与全电发票共用一个开具金额总额度。通过税控系统开具的发票，在发票领用时扣除，扣除的是发票领用的单张最高开票限额与发票领用份数之积。

全电发票红冲的相关规定

与纸电发票类似，全电发票不允许作废，只能通过开具红字发票的形式重开，可开红字发票的情形跟原税控发票类似，包括销货退回、开票有误、服务中止、销售折让等情形。

值得注意的是，当纳税人为“非正常”“注销”等状态导致开票方无法登录系统进行相关操作时，不允许发起红冲。同时，各票种之间的红冲规则为“新冲旧、电冲纸”，具体规则如下：

- 全电发票可以对全电发票、电子发票服务平台纸质发票、税控发票进行红冲。
- 电子发票服务平台纸质发票可以对电子发票服务平台纸质发票、税控发票进行红冲，不允许对全电发票进行红冲。
- 税控发票仅允许对税控发票进行红冲，不允许对全电发票、电子发票服务平台纸质发票进行红冲。

开票方发起红冲流程后，对应的全电发票将被锁定，不允许受票方再进行发票用途确认操作。

全电发票的好处

1. 全电发票将逐步成为电子发票的主要形式

目前，全电发票与纸电发票、区块链发票并行，是发票电子化时代发展过程中不同时点与不同技术方式下产生的现象。根据试点地区税务局的沟通情况，随着“金税四期”工程对发票电子化的深入应用，现行的其他以电子形式存在的发票会逐步向全电发票过渡。

2. 电子会计档案管理思路的转变

2013年以来，国家即开展电子发票及电子会计档案综合试点工作。2015年修订的《会计档案管理办法》（财政部、国家档案局令第79号），进一步明确了会计电子档案的合法性。但从纸电发票采用会计电子档案形式保存的实务情况来看，电子档案应用效果不如预期，企业依然习惯以传统纸质档案的形式整理会计档案。随着全电发票试点的推进，企业实行电子化发票报销、入账、归档的管理方式迫在眉睫。

3. 企业可利用税务数字账户增强风险排查能力

借助全电发票试点上线的税务数字账户模块中的“上游风险企业提醒”子模块，可查看上游风险企业信息、上游风险企业开具的发票信息。针对存在风险提示的上游企业，企业勾选确认前应特别留意该发票进项税额抵扣的风险，降低后续引发税务局稽查问题的可能性。

4. 企业需关注自身数据安全

全电发票的电子化、去介质、授信制等特点，意味着企业需要对自身数据安全、信息保护等方面的设备、软件及管理制度进行及时升级，充分利用诸如非对称加密机制等信息存储技术，确保企业自身的财税信息不被泄露。通过完善数据库权限授权，避免企业电子财务数据在财务人员离职或调岗等环节中遭到泄露。

5. 企业需及时进行接口升级

在税控设备的时代，大中型企业集团往往通过业务数据接口打通税控系统与ERP（企业资源计划）系统直接的数据关联，以达到快速、批量开具发票的目的。随着未来全电发票份额的增加，企业需要做好现行接口系统的升级，将与税控系统的数据接口转移到电子发票服务平台税务数字账户上。

6. 全电发票扩围尚需明确的事项

● 去介质的特点让对企业实际开票地点的监管如何进行？全电发票去介质的特点，意味着企业员工可以在任何有网络的地方开具全电发票，可以跨省甚至在境外开具。在全电发票全面试点后，是否会通过网络IP地点、办税员常住地等标准定义开票地点？

● 全电发票取代传统发票的进程规划是怎样的？根据《关于进一步深化税收征管改革的意见》，2025年基本实现发票全领域、全环节、全要素电子化。但该意见并未明确指出全电发票取代现有其他电子发票及纸质发票的具体实施步骤。发票电子化改革的同时，对现行发票管理办法、增值税、企业所得税等与发票最为密切的法规制度，也需要予以同步修订，以适应发票全面电子化后税制和征管层面上的调整。

如果业务部门取得的发票不合规，那与没有取得发票的结果是一样的，都不能抵税。一般来说，发票抬头是否完整、有没有税号、有没有加盖发票专用章、是否过期、大小写金额是否一致，都是公司财务人员重点检查的内容。

过期发票。在2022年报销2021年的发票，不合规，不能报销。2021年的费用必须在2021年报销入账，如果跨年报销，2021年的利润计算结果就会不准确。如果是因为员工出差在外不能及时报销发票，财务人员可以先行计提费用，待收到发票后再行支付。发票抬头填写不规范、不完整，视为无效发票。发票抬头应该按照企业工商注册名称填写。不仅发票抬头要填写正确，发票上还需填写企业税号。发票必须加盖发票专用章，其他如公章、财务章都是无效的。发票金额填写不规范，也视为无效发票。

索取发票是企业业务中的一个环节，不仅与花钱的人相关，也与企业缴税相关，一定要取得合规票据。因此，财务部门不仅要制定相应的制度，还要对花钱的部门人员进行培训，及时传达开具发票的要求。如果没有相应的培训，只是下发制度和拒收不合规票据，是无法解决问题的（如图8）。

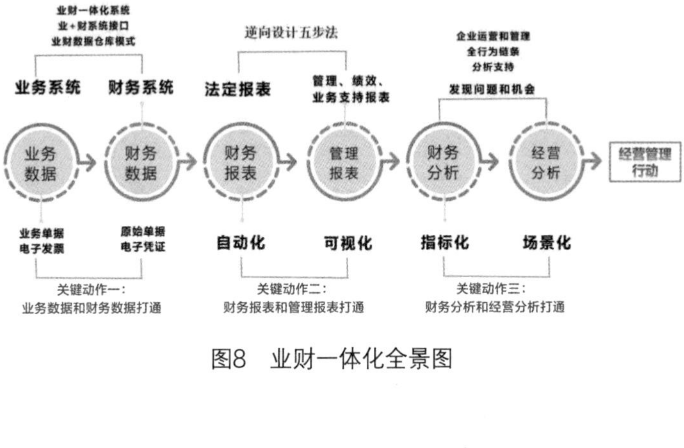

图8　业财一体化全景图

第三节

交易主体对纳税的影响

交易主体不同会对纳税产生影响。以下是一些可能会对纳税产生影响的情况。

个人交易：个人之间的交易涉及个人所得税。根据不同国家的法律规定，个人之间的交易需要申报并缴纳相应的税款。

企业交易：企业之间的交易涉及企业所得税。根据不同国家的税法，企业在进行交易时需要按照税法规定申报并缴纳企业所得税。

跨国交易：跨国交易涉及不同国家或地区的交易主体，可能存在跨境税务问题。各国之间的税法和税收协定会影响交易主体之间的税务义务和责任。涉及跨国交易时，需要考虑国际税收规定，以确定交易主体的纳税义务。

合作企业或联营企业的交易：合作企业或联营企业之间的交易通常涉及特殊的税务规定。这些规定包括合作企业所得税或联营企业所得税的计算和申报。

个体工商户或自由职业者的交易：个体工商户或自由职业者进行的交易需要遵守不同的税务规定。他们需要根据所得金额纳税，并按照相应的税率缴纳个人所得税。

需要注意的是，纳税规定因国家和地区而异，而且税务法规经常发生变化。因此，确切的纳税影响因具体情况而异。在进行交易时，最好咨询专业的税务顾问或机构，以了解适用于特定交易主体的纳税义务和规定。

业务部门需要时刻考虑交易对纳税的影响，这就是业财税融合准则。

第四节

销售环节对纳税的影响

通过前面的介绍，我们了解到发票对纳税的影响很大，销售环节对纳税的影响其实也是非常大的。下面以一些常见的销售方式为例为大家说明。

买一赠一，是一种大家普遍接受的促销方式，也是商家常用的销售模式。但是从纳税的角度来看，赠送的商品虽然没收钱，但要视同销售，按市场平均销售价格计算应缴纳的税金。比如，有一家微波炉代理商采用买一送一的方式促销，买微波炉送饭盒，微波炉销售额为3000万元，后来税务检查时发现有送饭盒的行为，查补税款总共约600万元。

买一赠一方式如何缴纳增值税？按《国家税务总局关于确认企业所得税收入若干问题的通知》第三条规定：“企业以买一赠一等方式组合销售本企业商品的，不属于捐赠，应将总的销售金额按各项商品的公允价值的比例来分摊确认各项的销售收入。”具体处理方法有两种。一是按增值税处理：①商品和赠品开在同一张发票上，赠品不视同捐赠，不缴纳增值税；②只开具商品发票，赠品没有一起开具，赠品要视同捐赠，需缴纳增值税。二是按所得税处理：赠品不视同捐赠，应将销售总额按照商品和赠品的公允价值比例来分摊确认各项的销售收入。

买一赠一缴纳增值税和所得税的区别：增值税是流转税和间接税，增值税功能的实现依赖于商品流通过程中的抵扣链传导。所得税是浮盈税和直接税，是基于纳税主体的会计核算利润通过税会差异的调整进行税源管理。因此，如果在企业所得税上发现不合商业常理的买一赠一行为，可以通过纳税调整机制进行事后管理。但是，如果在商品流转的某个环节，非正常阻断链条，将造成增值税抵扣链条永久性断裂。因此，不能将所得税法上的买一赠一税务处理规则准用于或参考适用于增值税法上的买一赠一。《中华人民共和国企业所得税法实施条例》第二十五条规定："企业发生非货币性资产交换，以及将货物、财产、劳务用于捐赠、偿债、赞助、集资、广告、样品、职工福利或者利润分配等用途的，应当视同销售货物、转让财产或者提供劳务，但国务院财政、税务主管部门另有规定的除外。"

以旧换新，也是一种常见的营销方式，一般是将旧货折算一个价格，抵减新货的价格后作为销售额。很多人都觉得这是合理的操作，但是在税法上，要当成两笔交易进行纳税，一是收购旧货，二是销售新货，销售额和收购额不能相互抵减，要按销售额全额缴纳增值税，而不是差额。

【案例】

某奶制品企业有一批即将过期的牛奶要进行促销，营销部门计划花3000万元做广告，销售总监想出另一个方案，不需要做广告，把这部分库存赠送给学校的学生。

假设牛奶的材料成本是3000万元，按市场售价8000万元进行赠送。

送完之后计算税额：增值税5000万元×0.13=650万元，附加税650万元×0.12=78万元，企业所得税5000万元×

0.25＝1250万元，赠送视同销售额总计税金为1978万元。若花3000万元做广告，则增加3000万元费用，少缴750万元企业所得税，过期产品税务备案还可抵企业所得税750万元，做广告可少缴税金1500万元。该企业为了不花3000万元的广告费而采用另一个方案，最后却多缴了3478万元的税。

一个听上去很好的促销方案，如果把税的因素考虑进去，就不一定是好方案了。所以，业务部门在做业务前，关于税的问题要多与财务部门进行沟通。

假如，奶制品企业促销牛奶需广告费3000万元，可抵扣企业所得税750万元；牛奶报废可抵扣企业所得税750万元。若改为赠送，成本价3000万元，售价8000万元。赠送需缴增值税800万元、企业所得税1250万元。

可以看出，不同的销售情况，纳税的情况也不同，所以销售人员一定要有经营思维，财务人员一定要对销售环节进行把关，从纳税的方面考虑销售环节，砍去所谓“赚钱”的销售方式。

【案例】

有不少开发商为了促销，在销售商品房时提供一些赠送的物品，比如买房送空调，这种赠送也是要视同销售纳税的，专业人士一定要规划好方案，否则不但视同销售多缴纳增值税，土地增值税也会受影响。下面提供两个思路给大家参考：一是房子降价，另外卖空调，一个主体变为两个主体；二是空调安装在房子里，增加房子的成本，同时降低土地增值税。

第五节

采购环节对纳税的影响

同样的商品，同等的采购金额，且供应商都是一般纳税人时，采购方式不一样，对纳税的影响也不一样。

【案例】

A供应商有自己的物流车队，提供送货上门服务，是一票制交易。A供应商收款100元，可取得增值税进项税额：100元÷1.13×13%≈11.5元。

B供应商委托第三方物流送货。B供应商收款90元，物流企业收款10元，可取得增值税进项税额：90元

÷1.13×13%+10元÷1.06×6%≈10.9元。由此可看出，支付相同的金额，从A供应商采购取得的增值税进项税额大于从B供应商采购取得的增值税进项税额。

第六节

发工资环节对纳税的影响

理论上来说，发工资应该是人力资源部门的事情，但部分企业并没有单独设立人力资源部门，或者出于某种考虑，工资的核算与发放一般都交给财务部门。发工资涉及缴纳个人所得税的问题，大多数企业还会发年终奖，有的企业从设立之初到现在，从未为员工代缴过个人所得税，这个问题会越来越大，风险也会越来越大。

可能有些人并没有注意到个人资产的安全性问题。近年来，国家陆续采取了一些措施，如加入CRS实践国际反避税统一标准、发布大额交易报告管理办法等来保护个人资产的安全。在实施这些新政策后，所有人都会受到影响。比如，个体工商户的资金都在个人账户收支，可以这样说，未来每一个人的财富都将变得透明。

个人所得税要进行规划，但不能不缴。不管是企业老板还是企业高管，都要关注个人资产的安全，个人收入要有合法来源证明。

财务专业人士要对企业老板和企业高管的工资发放进行规划，确保资产以合法收入购买并且有完税证明。

第四章

现金第一准则

打造健康高效的“血液系统”

华为的任正非曾经说过，生存基点要调整为以现金流和真实利润为中心，不能再仅以销售收入为目标。因为现金流是企业的血液，利润是企业过冬的棉衣。血液流动通畅，机体就不会被冻僵，有了棉衣，就能抵御严冬。

收入高、利润高、现金多是经营的“铁三角”。从经营的视角看，什么样的企业是好企业呢？毫无疑问，把这三个角做得最大的就是好企业。

乔布斯把苹果公司的三个角都做得非常大：首先，苹果公司的收入非常高；其次，苹果公司的毛利率也非常高，它的毛利率一般在40%以上，当毛利率低于38%的时候，苹果公司的管理层就开始紧张，会想方设法把毛利率恢复到40%以上；最后，苹果公司的现金流也非常充足，其他企业的财务总监都在犯愁没有钱，而苹果公司的财务总监却在犯愁钱太多怎么办。除了苹果等极少数公司，绝大多数公司都没有齐头并进把这三个角（收入、利润、现金）做好。

所以，在某一个时间段，重点做好某一个角，就成了企业财务工作的选择。

利润优先型企业的特点是牺牲现金流换取收入增长。如果企业账上没有足够的现金流，尽量不要使用这种方法，否则会导致资金链断裂，企业破产。这种策略可以用两个字来概括，就是“赊账”。

现金优先型企业的特点是牺牲利润换取收入增长。企业想牺牲利润实现扩张时，一定要算清楚自己的现金流是否充足，能否支撑得起战略扩张。

务实型企业的特点是一心只求利润，其次是现金，不赚钱的生意不做，不给钱的买卖也不干。

【案例】

瑞幸咖啡自2017年创立以来，通过发放大量低折扣优惠券的方式，以“烧钱”模式来开拓市场和培养消费者的消费习惯。在2020年5月之后，瑞幸咖啡开始停止免费提供产品的营销活动。在这一策略下，截至2021年，瑞幸咖啡的销售和营销费用同比降低了约27.11%，降至3.37亿元。

在2021年底之前，传出了瑞幸咖啡涨价的消息。一些消费者发帖子称，不同门店的同款咖啡标价相差2～3元。对此，瑞幸咖啡官方账号回复称，他们综合考虑了租金、物流、运营成本等因素，并根据各门店的实际情况进行差别定价。自营门店层面的利润（即自营门店收入减去多项成本费用）首次实现了年度转正，达到了12.53亿元，而2020年同期亏损了4.35亿元。此外，公司在2021年上半年也实现了盈利，2021年第三季度经调整的经营利润和经调整后的归母净利润也回到了正值。

门店收入的改善使瑞幸咖啡的亏损缩小。在2021财年，按照美国会计准则，瑞幸咖啡的运营亏损金额为5.39亿元，相比之下，2020财年的亏损金额为25.873亿元，营业亏损显著减少。

在门店战略上，瑞幸咖啡曾在2020年采取“转攻为守”的策略，放缓了新门店的扩张速度，并同时关闭了经营不善的门店。在2021年，瑞幸咖啡净新增了1221家门店，同比增长了25.4%。截至2021年12月31日，瑞幸咖啡共计拥有6024家门店，其中4397家为自营门店，1627家为联营门店。

要想成功做好一件事，需要天时地利人和。具体到财务经营战略的选择上来说，那就是应该与经营周期相适应。经济周期通常要经历经济复苏期、经济繁荣期和经济衰退期。在不同经济周期，企业应选择不同的财务战略。

一般来说，经济复苏期选择现金优先型（扩张型）财务战略，经济繁荣期选择现金优先型（扩张型）和利润优先型（稳健型）相结合的财务战略，经济衰退期选择务实型（防御型）与现金优先型（扩张型）承接的财务战略（如图9）。

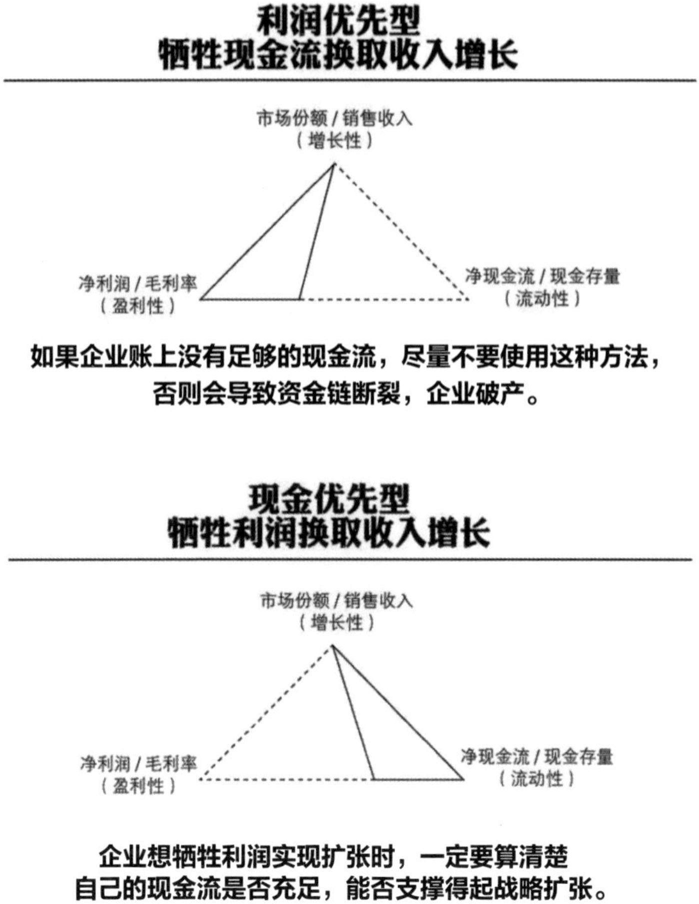

图9　利润优先型财务战略和现金优先型财务战略

经营者要理解三句话：资产的质量是收入；收入的质量是利润；利润的质量是现金流。只有到账了的现金流，才是你真正的利润。否则，利润就只是利润表里的一个数字而已。

【案例】

有家企业专门销售电器，实际上电器销售并不能带来太多利润。然而，这家企业却大肆扩张，进行折扣促销，甚至创造了一天内在全国不同城市新开22家连锁店的纪录。也许有人会问："他们如何能够开这么多店？还保持低价销售？"了解行业的人可能会告诉你，他们通过扩大规模挤垮竞争对手，依靠规模优势来获取利润。即使现在暂时少赚钱，甚至不赚钱也没关系，因为他们现在击败竞争对手，未来就能够获得更大的利润。

这种观点不完全正确，因为这仍停留在过去依靠赚取差价来赢利的传统思维模式上。实际上，他们的目标是获取现金流。为什么现金流如此重要呢？因为这家企业依靠现金流进行资本运作来赚钱。

假设这家企业一年有100亿元营收，延迟三个月还款，就有25亿元现金流，延迟六个月还款，就是50亿元。假设疯狂开店扩大现金流，一年有200亿元营收，延迟三个月还款，就是50亿元，延迟六个月还款，就是100亿元。这些钱会存入银行吗？当然不会，进行资本运作可以挣得更多。这种赚钱的企业，银行更乐意给它们贷款，就像滚雪球一样，资本越滚越大。所以，家电连锁，只是获取现金流的手段。卖家电只能挣点小钱，就算赔点也没什么，因为在其他方面可以赢利。但前提是：现金流一定要充足。这才是这家企业疯狂开分店的根本原因，有些企业甚至情愿抵押设备来获取现金流。

大家也许会觉得奇怪：为什么一家企业明明每年都在亏损，却可以获A轮、B轮、C轮、D轮融资，甚至还有资本去收购其他企业？看这类企业（以及有巨大现金流的企业）的股价，不能只看行业本身。只分析销售额、毛利率都是没有意义的事情，散户们憧憬着企业快速成长，在懂行人看来根本不值一提。

我们再用这个理论来分析一下某电商企业。假设这家企业每年都在亏损，几亿元到十几亿元不等，融不到资肯定撑不下去，很多人觉得它几年内就会倒闭。

我们从现金流来分析：假如这家企业每年的营收都急剧扩大（年增长50%以上），那么这家企业的现金流完全可以应付亏损和延期还款。假设它今年亏20亿元，营收360亿元，延期还款一个月，有30亿元应付账款，减20亿元亏损，那么到年底反而多赚了10亿元。假设明年又亏20亿元，营收540亿元，延期还款一个月，有45亿元应付账款，减20亿元亏损，再支出去年留下的30亿元应付账款，但年底只会减少5亿元。所以只要这家企业的营收越来越多，而亏损不是大幅增加的话，账上的钱就足够用很多年。

无论是家电企业还是电商企业，表面上看都是市场份额之战、利润之战，但从财务角度来说，是现金流之战。谁的现金流先枯竭，谁就先退出这个舞台。

第一节

收入、利润及现金之间的关系

收入、利润、现金是企业最重要的三种财务资源，这三种资源匹配不同，则实现的市场战略也不同。创业期，收入最重要；取得一定市场资源后，利润最重要；现金在任何阶段都重要。

无论选择哪种战略，现金都是首要的考虑因素。在经济形势不好的情况下，每家企业赚钱都不容易，没有现金，企业就不能维持经营。

如果企业有充足的现金流，那么这时正是扩张的最好时期，因为可以较低的价格进行收购。一家企业创业能够成功，一个重要的因素就是现金充足，创业企业往往都缺现金，所以不少企业在创业之初会想办法快速赚钱、迅速赢利。很多企业倒闭的直接原因往往是现金流断裂，因此，在企业日常管理中，财务一定要每日汇报，随时监控现金状况，如果出现现金流预警信息，就要立即采取措施。

为了收入而牺牲现金，不是正确的选择，除非现金充裕。市场中常见的企业竞争活动中，挤垮竞争对手最有力的武器就是现金，只要有足够的现金作为支撑，再通过延长账期、降低利润等方式挤压对手，若对方的现金流不足以支撑企业经营，就会被挤垮。例如，某企业规模不是很大，但现金流充足，企业运营情况很不错。后来考虑上市，如果上市就要扩大规模，提高利润。所以该企业就调整战略，提高产品售价，延长账期，两年之内销售额就从3亿元上升到15亿元。但延长账期的后果是牺牲了现金流，资金链绷得非常紧，应收账款有7亿～8亿元，面对这个状况，老板都想放弃了，希望能通过被并购盘活，但这样的企业未必有人愿意收购。

所以，企业在必要时可以牺牲利润换取现金，因为现金是最重要的。在市场环境不好的情况下，可以选择降低价格，但不赊销，也就是让利不让钱，主要目的是保持现金流，有钱就能存活，活着才有发展的机会。

收入、利润、现金是企业经营的三道防火墙。第一道防火墙：收入。企业经营要步步为营，一家正常经营的企业，现金流不会一天就断掉。出现问题时，往往先是收入下滑，收入下滑是一个重要的信号，要重视，老板需要作决策，主动进行收缩，砍掉部分成本，进行裁员，以保存实力。第二道防火墙：利润。当收入下滑到盈亏平衡点时，如果收入再下滑，企业就会发生亏损。没有利润，企业未必会倒闭，但长期、持续亏损必然导致现金减少。正常经营的企业是有时间反应并作出决策的。第三道防火墙：现金。在企业的经营中，现金主要是维持企业正常运转的，不属于老板个人，老板不能轻易挪用。若想对外投资，只能用自由现金流（指企业经营产生的，在满足再投资需要之后剩余的现金流量），如果抽走企业运营的流动资金，把老企业当作融资平台，一旦新项目没有成功，老企业就会被拖垮。

现金第一准则，要求财务人员向管理层每日报送销售额、现金余额信息，做到对资金的实时监控。

再强调一下企业的收入、利润和现金的要点：现金必须专款专用，不能随便抽走，要定时监控，制定决策要充分考虑现金资源；当收入下滑到盈亏平衡点时，必须快速作决策；收入持续下滑是重要信号，要主动收缩，保存实力。

此外，要永远记住：第一道防火墙出现也就是收入锐减的时候，需要刺激一线销售；第二道防火墙出现也就是利润锐减的时候，要主动进行规模收缩；第三道防火墙出现也就是现金锐减的时候，要主动快速“止血”，留得青山在，不怕没柴烧。

// 第二节 //

应收账款决策要充分考虑现金资源

应收账款的决策管理人包括董事长、总经理、销售总监、财务总监。一家企业允许客户的欠款期限是多久，不仅仅取决于所处的行业，还要充分考虑现金资源，因为很多企业是被应收账款拖垮的。一般来讲，销售总监会更多地考虑市场因素，决定应收账款政策；财务总监会更多地考虑现金流因素，因此部门之间需要多沟通；总经理也要找到一个平衡点，不能只想着扩大市场规模而放宽应收账款信用政策。

【案例】

某企业曾经依赖赊销来进行大部分销售，但在企业扩张和高管奖金难以兑现的情况下，老板决定改变销售策略。他们不再赊销，并提高了销售提成比例，以调动业务人员的工作积极性。这个决定在一段时间内引起了销售部门的强烈反对，导致人员流动性高，企业的收入也大幅下降。然而，老板一直坚持不赊销。经过一年的时间，销售人员逐渐适应了新的政策。与此同时，很多同行因为赊销导致资金链断裂而倒闭。

后来销售人员开始明白，尽管不赊销销售更加困难，但赊销会导致资金难题。他们意识到企业的调整策略是正确的。

应收账款的管理目标：一是制定有效的信用政策；二是全额收回应收账款；三是按期收回应收账款（如表5、图10）。

表5　一般赊销流程

步骤	销售部	财务部	仓储部	客户	总经理	文档	流程描述
1	业务洽谈					意向合同	
2	信用调查					信用报告	

续表

步骤	销售部	财务部	仓储部	客户	总经理	文档	流程描述
3	草拟合同	信用核查				核查记录	
4		合同会签	合同会签		信用审批	会签流程单	
5					合同审批	合同	
6		信用归档					录入系统
7				发出订单		订单	
8	开销售单	信用控制	发货			销售单、送货单	
9		开票挂账		确认收货		发票	
10	确认收款			支付货款			
11		收款核销				收款单	

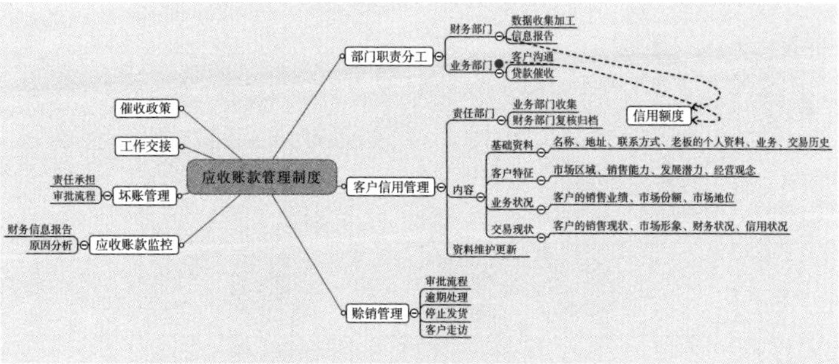

图10　销售的相关制度

销售是走出去，说出来，把钱收回来。要充分考虑现金资源，经济上行时，可适度放宽；经济下行时，要及时控制。

第三节

企业现金流断裂的主要原因

现金流相当于企业的“血液”，企业经营活动净流量相当于“造血”，投资活动净流量相当于“献血”，筹资活动净流量相当于“输血”。健康的现金流应该是“造血”+“输血”>“献血”。因此要平衡好“造血”“献血”“输血”之间的关系，保持现金流健康运转。

一般来说，企业可能因为以下原因发生现金流断裂：一是过度投资，就是“献血”过多，不能使“造血”能力提高，现金流断裂；二是过度扩张，大量收购、并购使投资增加，账期延长；三是经营不善导致亏损，利润的防火墙倒塌；四是突发的事件占用大量现金。

【案例】

1996年，刘五一在美国获得了普尔斯马特（Price Smart）的特许权，并在中国注册成立了北京普尔斯马特会员购物企业集团（简称“普马”）。尽管普马最初以会员制度为起点，实际上是中国民营企业诺衡集团的一部分，只是采用了普尔斯马特品牌。普马在短短8年内快速扩张，在中国开设了近50家分店，迅速成为中国零售业的主要参与者。

然而，这种大规模扩张需要巨额资金支持，而普马通常采用一系列措施来实现扩张目标。首先它会在当地注册一家公司，可能是普马独资或与当地企业合资，然后通过当地注册的普马公司向当地银行贷款。由于普马不仅开设在一线城市，还积极开拓二线和三线城市，这使得政府愿意招商引资。同时，由于部分银行的贷款批准过于草率，缺乏充分的预警机制，普马轻松获得了大量贷款。

普马利用银行贷款在当地租赁店面或购置地产，以赊销的方式与当地供应商合作。这种方式使普马在经营过程中几乎不需要使用自有资金。虽然普马的资金运作主要依赖于危险的贷款和赊销，但如果能够有效地管理经营活动，不仅可以降低偿债风险，还能够促进良性现金流循环。

普马的问题出在其扩张的第三步。虽然前两步的经营流程使其取得了相当的成功，但在扩张的最后一步，普马将经营所产生的现金以及大量注册资本转移到总部，以作为开设新店的资本金。这导致普马失去了维持经营所需的资金来源。在2003年中国销售额达到60亿元的时候，普马计划在2004年发展到70多家分店，实现年销售额100亿元。然而，在2004年3月，一家位于西南地区的银行收回了2亿元的贷款，导致各地的普马分店不得不拖欠贷款和租金。

最终，普马陷入了供应商、业主和银行的债务纠纷中。在不到半年的时间里，遍布全国的普马系列连锁超市以惊人的速度像多米诺骨牌一样倒下。

回顾中国普马的经营历程，其失败原因主要在于不善于管理现金流。一家成功的企业应该建立稳健的现金流周转模式，其中经营和投资活动承担着“造血”功能，通过它们的持续周转，为企业持续注入新资金，维持企业的生存。与人体相似，企业也不能完全依赖于外部“输血”，而必须依靠内部的健康“造血”机能，以保持健康的生存状态。

换句话说，企业正常的经营活动所需资金主要来源于内部的现金流，而筹资性现金流仅在临时资金短缺时才具备“输血”作用。只有良好的内部“造血”机制，才能确保现金源源不断地流入，支持偿还债务、支付利息，并实现进一步扩张。尤其对零售商而言，建店成本和商品占用资金成本较高，流动资金是资金链的关键环节，一旦现金周转困难，必然影响到进货和商家信誉，从而影响正常的运营。

普马经营失败主要是因为其过于冒进的扩张引发了现金流危机。普马将主要精力放在融资和投资上，投资是为了更好地融资，然后将融资资金全部用于疯狂的扩张，形成了一种恶性循环。与此同时，普马完全忽视了对经营现金流的内部“造血”功能的管理，最终导致现金流断裂。

现金是企业的“血液”，而普马的疯狂扩张使企业大量“失血”，同时又忽视经营管理使企业“造血”功能不足，依靠大量外来“输血”来维持外强中干的企业形象。普马的案例在零售业中非常具有典型性，许多企业还在走与普马一样的不归路。投资规模的扩大一定要有充足的现金来源支持，筹资要量力而行，经营现金流要用在实处，稳步扩张、步步为营，否则必然会因现金流断裂而崩溃。

第四节

经营管理决策要平衡好企业“造血”“献血”“输血”三者之间的关系

“造血”+“输血”>“献血”，企业一定要平衡好这三者的关系。我们要遵守一个原则：只允许现金增加，不允许现金减少，“失血”就是账面现金减少。

【案例】

硅谷银行是一家成立于1983年的商业银行，总部位于美国加利福尼亚州的圣克拉拉市。在倒闭前，它是全美第16大银行，主要服务科技行业的公司和个人。许多知名科技公司如爱彼迎、思科、乐活、缤趣和布洛克公司都是该银行的客户。

除了为风险投资支持的公司提供融资外，硅谷银行还为科技企业家提供私人银行服务、办理个人信贷和抵押贷款等业务，专门向高风险的新公司提供贷款。它要求借款人签署有排他性条款的合同。

2023年3月10日，由于流动性不足和资不抵债，硅谷银行被接管，成立了圣克拉拉存款保险国家银行。该银行是自2008年金融危机以来美国倒闭的最大的银行，并且是由联邦储蓄保险公司承保的第二大倒闭银行。所有储户的存款都将得到全额补偿，纳税人无须承担费用。

之后，硅谷银行的资产转移到硅谷过桥银行，希望吸引潜在买家。

第五章

财务核算准则

企业就做赚钱、分钱两件事，算清楚是前提，否则会钱散、人散财务核算是经营体系中财务系统的基本职能，没有财务核算系统，成本改善系统、目标系统、决策支撑系统等高大上的系统都是伪命题。

账，是一切经营管理的基础，财务核算是为了将企业的经营成果准确反映出来，各部门为了实现这一共同目标，需要相互配合。

做好账的标准是对外安全、对内准确。把一套账算准确、算安全，绝不仅仅是财务部门的责任，各部门都需要配合。财务核算的是企业业务，包括销售、生产、采购、研发等，如果没有这些业务部门的配合，财务部门怎么能核算准确？比如销售产品，不通知财务部门出货，财务部门怎么核算？生产时材料不够用，车间人员直接去仓库拿材料，也不通知财务部门，那产品所用材料的成本怎么算得准？

企业就是做好赚钱和分钱两件事。账算清楚是前提，否则会钱散、人散。

第一节

账算不准的后果

老板经营基本功：必备的财务分析数据。

（1）老板利润：15%～20%，高于20%说明管理不力，需要调整，低于15%属于投资失败。

（2）员工工资：17%～22%，高于22%需要减员增效，高于20%需要调整。

（3）材料成本：20%～25%，高于25%会亏损。

（4）礼品赠品：礼品赠品等的成本占5%～10%，包括转介绍中老顾客回馈部分。

（5）年业绩：必须高于投资的250%，否则属于投资失败，即投资100万元，最少做到250万元。

（6）回报年限：2～4年，2年内收回投资成本属于经营成功，2～4年内收回投资成本属于经营一般，4年以上才收回投资成本属于经营失败。

（7）日常再投入比例：10%，用于更新。

（8）扩店或重装修间隔：扩店或重装修间隔需大于2年，否则，店越开越大，债越欠越多。

（9）促销频率：每年2～3次，低于2次会丧失市场，高于3次会增加经营难度。

（10）一次订单率：60%～80%，不到60%需要调整，店格包装和门市培训高于80%？这辈子还没有见到过。

（11）成熟店转介绍率：80%，高于80%说明推广不足，低于80%说明产品服务有缺陷。

有时候不是不想把账算准，而是缺乏系统流程来支撑，也会产生一些问题，导致股东之间产生矛盾，甚至分家；股东与高管之间产生矛盾，导致高管离职；管理层因没有准确数据，所以无法作出正确决策，无法发挥经营管控职能。

【案例】

表6所示是财务部门对企业三种产品核算的结果，从白色框内的结果看，三种产品的收入、成本和利润都一样，分不出好坏，无法作出决策，如果营销部门作决策还有可能被误导，可能选择C产品，放弃A产品。但是如果了解到实际情况，则会倾向选择A产品，放弃C产品（如表6）。

表6 不同的核算，不同的决策

单位：元

项目	A产品		B产品		C产品	
收入	10	10	10	10	10	10
成本	7	6	7	7	7	8
费用	2	1	2	2	2	3
利润	1	3	1	1	1	-1

但并不是说C产品一定不做，如果C产品销售的同时能带来融资效应，或者属于战略性亏损，也是可以做的，如果没有任何作用就可以砍掉。

融资效应，比如进价10元，卖9.9元，10元可以三个月后付，而9.9元收取现金，获取的收益是三个月的资金利息。

战略性亏损，如果亏损产品是前端产品，可以带来后端产品的销售，这样的产品必须保留。

某企业亏损就是由于产品种类很多，核算不清楚，有可能销售的还是亏损产品。产品种类过多，每个产品的销量都低，不能满足量本利原则，不能形成规模效应。后来，该企业把产品种类从200个砍到仅50个，就扭亏为盈了。

一家企业如果无法发挥经营管控职能，那就没办法高效运营，也就没办法高效赚钱。财务核算系统本身就是一种管控工具，但若账实不符，账面记录的存货是否还在库里都不清楚，应收账款因相关的业务人员辞职而对不上数，财务核算系统就失去了管控的作用。

第二节

账算不准的原因

做账的标准是对外安全、对内准确，这是财务部门的基本职责。

财务核算相当于产品加工，加工的对象是业务原始单据，加工工艺就是核算原则，加工的产成品就是管理报表。

工艺问题：责任人是财务人员。财务核算太粗，不懂业务，业务部门提供什么单据就做什么单据，不了解产品及生产工艺，成本核算模型不准确，这些都是财务核算出现工艺问题的原因。

原材料问题：企业财务不规范是业务流程不规范导致

的，比如销售了货物不告诉财务人员、材料随意领用不填材料领用单、业务流程不记录、没有传递单据到财务部门，这样，财务部门永远也算不准账。

把账算准，大家分钱时才有准确的利润基数，如果这个数算不出来、算不准确，与业务部门有很大关系，不能只说是财务部门的问题。

// 第三节 //

财务部门必须有服务意识，业务部门必须有核算意识

服务意识：财务部门不要以监督者的身份出现，要了解业务，保持对业务的渗透力，要有兜底心态，还要有服务意识。

核算意识：财务部门进行核算前，需重新梳理业务，了解各项业务流程，遵循内控原则，对业务流程进行规范设计并确定流程图，以便业务部门执行，同时需匹配、完善相关的用于核算的单据并进行记录，业务部门要有核算意识。

第四节

核算的应用举例

财务核算对于企业的经营结果至关重要，而经营结果是进行激励的基础。下面对一些常见的激励方式进行简要说明。

（1）阿米巴经营。这是一种分权经营的管理方法，通过将企业划分为小型经营单位（阿米巴），并对其进行利润核算和激励，激发员工的工作积极性和创造力。然而，如果企业的财务核算不清楚，无法准确计算和分配利润，激励制度就可能引发更多的矛盾。

（2）绩效考核。这是评估员工工作表现的一种方式，通过制定明确的指标和目标，对员工的绩效进行评估，并给予相应的奖励或惩罚。然而，如果财务核算不清楚，无法准确评估和比较绩效，绩效考核制度就可能引发更多的矛盾。

（3）利润分享。这是一种将企业利润与员工分享的激励方式，通过给予员工一定比例的利润份额，激励他们为企业的利润增长作贡献。然而，如果财务核算不清楚，无法准确计算和分配利润，利润分享制度就可能引发更多的矛盾。

（4）股权激励。这是将企业的股权分配给员工作为激励，使员工成为企业的股东，并享有相应权益的一种方式。然而，如果财务核算不清楚，无法准确评估和计算股权激励的价值，股权激励制度就可能引发更多的矛盾。

无论是阿米巴经营、绩效考核、利润分享还是股权激励，财务核算的准确性都是确保激励制度有效运行的关键。只有在财务核算清晰的基础上，这些激励方式才能真正发挥作用，而不会引发更多的矛盾。

【案例】

猎狗追兔子，追着追着就不再追了，有个人问：为什么不追了？

猎狗回答：兔子跑是为了活命，我只是为了一顿饭，目标不一样。

这个人把情况告诉了猎人。之前无论能不能追上兔子，猎狗都有骨头吃，现在猎人觉得需要改变策略，增加考核指标，追上有骨头吃，追不上则没有，而且追上一只兔子有一根骨头。不久后，猎狗把政策琢磨透了，猎人发现兔子数量越来越多，但个头越来越小，明显是得分很高，结果不好，说明考核的指标有问题。为什么都是小兔子？因为小兔子好追。

于是猎人又调整策略，这次将个数指标改为重量指标。当猎狗发现追上一只小兔子只能换一根骨头，追上一只大兔子可以换三根骨头时，猎狗就追大兔子。

过了一段时间，猎狗又不追了，猎人想不明白为什么会这样，就委托一个人去了解情况。猎狗说：现在追得上有吃的，追不上没有吃的，以后没有能力再追了怎么办？

原来进入考核疲劳期，猎狗有了更高的要求，对股权有期望，这时就到了需要进行股权激励的阶段。

绩效考核，对财务核算的依赖性很高，很多企业的考核不能落地，原因有很多，一是阶段不同，二是行业不同，三是核算跟不上。

绩效考核的指标大部分由财务部门提供，财务部门必须与各部门沟通，了解业务，梳理业务流程，才能准确核算。

【案例】

国财是一家投资公司，其投资主体是蓝图资本有限公司（简称“蓝图资本”）与企投家投资控股有限公司

（简称“企投家资本”）。

蓝图资本的主要诉求是通过国财的主营业务孵化内部人才，把主营业务的收入按照贡献程度与大家分享，通过经营好国财各大事业群模块，以及服务好国财的客户的方式把优秀的人才筛选出来，针对他的未来成长和能力进行投资，给钱、给资源、给平台，协助他从职业经理人华丽转身成为一把手或操盘手。

企投家资本的主要诉求是通过国财的主营业务链接国财优秀的客户，帮助客户消除历史风险，完善企业经营，助推企业价值，寻找价值观、经营观。对于陪伴国财多年的老客户、老朋友，在助力客户价值最大化的道路上，开放国财所有人、财资源，与投资国财的客户一起完成资本化的升级。

第六章

成本优化准则

开拓思路，全环节挖掘成本空间

不只是成本领先，不只是成本控制，而且要成本优化。该投入的一定要投入，不该花的一分都不出。成本优化是企业实现高质量发展的基石，开源、节流、产业链协同创新，各个环节其实都有可优化的空间，要打开降本想象力的“天花板”，不能用延长线思维去认知。

成本掌握在花钱人的手里，控制成本不是不花钱。

第一节

什么是成本

成本是指用于生产和提供商品或服务所需的资源的价值。在商业和经济领域，成本是企业为生产和经营活动所支付的费用。它是衡量企业经营效益和利润的重要指标之一。

成本是利润的减项，也是获取收入的资源。没有成本支出，是没有办法获取收入的。就像在一家实业公司，不投资买设备、材料，是没办法生产产品的。

成本按性质不同，分为作业成本和策略成本。作业成本即制造成本，在保证质量的前提下，越低越好。策略成本与人相关，与未来相关。

对于成本的理解，很多人会认为成本越低越好，但事实上不是这样的，成本不是越低越好，而要看是哪类成本。如人工成本，工资降低，会影响员工的工作积极性，导致工作效率下降，甚至生产出不良品。

了解和管理成本对企业决策与经营管理至关重要。通过合理控制和优化成本，企业可以提高效益、降低成本、提升竞争力，并实现可持续发展。

第二节

企业整体竞争战略的选择

企业如果想要活下来，就一定要明确自己的整体竞争战略，知道自己相比于其他竞争者的优势。竞争战略有不同类型，一家企业不一定只选择一种战略，有可能会根据自己的业务特点及发展目标，选择几种战略进行组合。

一般来说，企业整体竞争战略有三种，分别是差异化战略、成本优化战略和聚焦战略。

比如，一家公司为了打开市场，一般会采用成本优化战略之成本领先战略，即薄利多销，价格定位于大众化市场。过了一段时间，为了追求利润，选择差异化战略，在保证市场份额的情况下获得溢价报酬，价格定位于高端市场。

差异化战略的优势是具有独特性，这种战略的核心就是，使自身产品与众不同，为客户提供某种有独特价值的产品或服务。即产品、服务、形象等，与竞争对手有明显的区别。差异性主要可以通过产品的性能、外观、服务等来体现。实现这种差异化战略的重要手段，就是研发和服务。

开拓思路，全环节挖掘成本空间，追求综合成本最低，不浪费每一分钱。根据公司获取成本优势的方法不同，把成本领先战略分为如下五种主要类型：①简化产品型成本领先战略，就是使产品简单化，即将产品或服务中添加的花样全部取消，比如春秋航空；②改进设计型成本领先战略；③材料节约型成本领先战略；④人工费用降低型成本领先战略；⑤生产创新及自动化型成本领先战略。

相同的产品要竞争只能拼价格。成本优化战略是一个不能放弃的战略，只有具有成本优势，才能采取价格竞争手段。华为就是选择采用成本优化战略，发挥价格便宜的核心优势，把产品销往世界各地，当年思科因为利润太低而放弃了通信设备市场。

如何实现利润倍增？以下三个方案可以实现：一是提高售价，采用差异化战略；二是降低成本，采用成本优化战略；三是使销售翻倍，采用资源推动型战略。

成本优势永远是护城河，永远有竞争力，能够让企业生存得更久。

聚焦战略是指集中企业的资源，将经营战略的重心放在某一特定方面，可以是特定的地区、特定的产品或服务、特定的市场。聚焦战略让企业容易快速形成核心竞争力，它可以进一步细分为聚焦差异化战略和聚焦成本优化战略。

【案例】

20世纪初，德国出现了一家叫阿尔迪的小型食品杂货店。现在，这家杂货店已经席卷整个欧洲，成为欧洲最大的杂货连锁店。阿尔迪从德国边远城市一家不见经传的食品杂货店一步步成长为世界排名第八的跨国零售巨头。

如今阿尔迪在美国开设了大量门店，成为沃尔玛和克罗格之后的第三大连锁超市。该超市以简单和低价著称，几乎没有营业员和商品促销广告，商品摆放简单且没有多种选择，价格极低且质量不错。结账时不提供免费购物袋，手推购物车需要投入硬币自主提取。

阿尔迪在德国享有很高的声誉，在美国也取得了很大的成功，被誉为“沃尔玛杀手”。阿尔迪的成功秘诀是“低成本战略”，通过精确定位目标消费者和精细选品，降低成本并以极低的价格吸引顾客。阿尔迪的经营模式简单且高效，它因此成为全球零售业的重要品牌之一。

阿尔迪认为，一切增加成本的东西都应该去掉。它主要销售自营品牌，不做广告，选址尽量在偏僻的地方，超市里甚至没有货架，货品装在可以露出半截的纸箱里。采用这样的方式，可以较低的价格出售高质量产品。阿尔迪不仅在德国超市中排名第一，还扩展到欧美各国。

第三节

量本利模型

企业之间最终比拼的是效率。时间就是金钱，效率就是生命，这是人们在深圳特区建立初期喊出的口号，重塑了当时人们对于市场经济、商业本质的认知，影响深远。如果企业不抓人均效益增长，管理就不会进步，企业会变得臃肿迟钝。人均效益是一家企业核心竞争力的体现。

量本利模型用于分析产品数量、价格和成本之间的关系以及其对企业效率和利润的影响。该模型基于以下几个要素。

产品数量：指企业生产和销售的产品数量。它是模型中的自变量之一，可以是单位时间内的产量或销量。

产品价格：指每个单位产品的销售价格。价格通常是模型中的一个自变量，它可能随着产品数量的变化而变化。

成本：指企业生产和提供产品所需的费用。成本可以分为固定成本和可变成本，而可变成本通常与产品数量相关。

基于以上要素，量本利模型可以用来分析以下几个方面。

收入：产品销量与价格的乘积，即销售收入。它通常是数量和价格的函数。

成本：企业生产和提供产品所需的费用。成本包括固定成本和可变成本，可变成本通常与产品数量相关。

利润：收入减去成本的差额。通过量本利模型，企业可以分析不同数量和价格组合下的利润水平。

边际分析：指研究增加一个单位产品数量对收入、成本和利润的影响。边际收入是指增加一个单位产品数量所带来的额外收入，边际成本是指增加一个单位产品数量所带来的额外成本。利润最大化通常发生在边际收入等于边际成本时。

量本利模型在企业决策和定价策略中具有重要作用。它可以帮助企业确定最佳的产品数量和价格组合，以实现最大利润。同时，通过分析成本结构和利润水平，企业可以进行成本控制与经营决策，提高竞争力并实现可持续发展。

变动成本：指支付给各种变动生产要素的费用，如购买原材料费用及电力消耗费用和员工工资等。这种成本随产量的变化而变化，在实际生产过程开始后才需支付。

固定成本：指成本总额在一定时期和一定业务量范围内，不受业务量增减变动影响而能保持不变的成本。如固定资产的折旧和维护费、办公费等。

要有量本利，也就是计算产品和服务的保本点和保利点形成合理的定价区间，寻找边际贡献，巩固和引领市场竞争力。

用一个公式来表述的话，就是：固定成本 + 变动成本 = 企业总成本。

固定成本与人相关，与未来相关，不是越低越好，甚至可以增加。不能降低固定成本的绝对额，只能通过提高效率的方式降低，固定成本一降低，就会带来负面影响。

变动成本与销量呈线性关系，即与销售额同比例增加的支出，如销售人员提成、产品成本等。

企业总成本 = 固定成本 + 变动成本，公式可以表示为 Y

$=a+bx$。其中，a代表固定成本，b代表单位变动成本，也就是由单个产品决定的那部分成本，x代表销量。当销量为0时，总成本就是固定成本a。

企业的收入公式可以表示为$Y=cx$。其中，c代表售价，x代表销量。当销量为0时，收入为0，但成本不是0，成本是固定成本a。

让我们用量本利模型来厘清各个相关环节之间的关系。

首先就是盈亏平衡点的概念，总收入线与总成本线相交的点称为盈亏平衡点（BEP），在这一点上，企业既不赢利也不亏损。当销量收入高于盈亏平衡点时，企业赢利；反之，企业亏损。所以盈亏平衡点又称为保本点、零利润点。按照这个逻辑来说，公司最大的经营风险是亏损。

一般来说，盈亏平衡点越低，盈利门槛越低；盈亏平衡点越高，盈利门槛越高；盈亏平衡点越低，经营风险越低；盈亏平衡点越高，经营风险越高。

那么怎样降低盈亏平衡点呢？一般采用两种方法：一是改变斜率；二是降低固定成本。

固定成本就是经营风险，固定成本变动是成本改善的方向。如企业的薪酬政策，为什么有的选择低工资高提成，有的选择高工资低提成？因为工资是固定成本，提成是变动成本，固定成本越高则风险越大，固定成本越低则风险越低。

创业期的企业风险一般都很大，要想生存下来，就要考虑降低固定成本；成熟期的企业业务已经走上正轨，对客户的影响，更多的是依靠品牌，而非个人能力，所以会调整薪酬模式，选择高工资低提成，这样的薪酬政策容易招人，支付的总成本可控。

所以企业发展阶段不同，薪酬政策也不同，这是薪酬设计隐含的逻辑。

根据边际贡献概念，亏损的产品不一定不做。如果是战略成本或者是融资型产品就要保留。如果这两者都不是，是否就要放弃？不一定。亏损的产品如果还有一个作用，就要保留。即只要产品的边际贡献大于零，就有它存在的必要，因为可以弥补一部分固定成本。

总结一下关于边际贡献的几个问题：

- 单位边际贡献=单价-单位变动成本。
- 总边际贡献=总收入-总变动成本。
- 边际贡献弥补固定成本之后才是利润。
- 边际贡献大于零的产品有它存在的必要。
- 边际贡献=总销售收入-总变动成本。
- 边际贡献大于零代表总销售收入大于总变动成本。

企业的销售规模增长之后，单位产品所负担的固定成本就会下降，产品的总成本也会随之下降，毛利率就会上升，这就是规模经济效应。规模经济简单理解就是“量要大，才优惠”。

【案例】

A企业固定成本为1200万元，变动成本率为80%，产品售价为10000元，变动成本即为8000元，可算出企业盈亏平衡点为6000万元；每台设备分摊的固定成本为2000元；若产量提高为1.2万台，每台设备分摊的固定成本为1000元；若降价为每台9000元，企业不会亏损（如表7）。

表7 一家企业在不同状态下需要选择不同量本利模型

模型	方案一	方案二	方案三
单位售价/万元	1.00	1.00	0.90
固定成本/万元	1200	1200	1200
变动成本率/%	80	80	80
变动成本/万元	0.8	0.8	0.72
盈亏平衡点/万元	6000	6000	6000
销量/台	6000	12000	6667
产品均摊固定成本/万元	0.20	0.10	0.18

第七章

业财管控准则

老板离场管理的前提是能读懂报表，能透过数据看经营

经营企业时，我们要学会用财务的思维和手段进行企业管控，不能一直靠其它人去管理，更不能让亲信去控制。这并不是不信赖亲信，信赖与亲信是两个概念。核心团队必须相互信赖，信赖是企业的一大隐性成本。

第一节

总经理负责运营，财务总监监控运营

在职业经理人管理的企业中，财务总监与总经理之间是合作关系，两者在企业经营活动中的分工不同，为实现一致的目标须共同努力。总经理负责运营，财务总监一般是直接向董事会汇报工作，可以不受总经理管理。也就是说，财务总监对董事会负责，数据可以不经过总经理直接上报给董事会。

财务总监的重要职责就是负责监控运营，因此，要确保财务总监的独立性，财务总监的评价、聘任与解聘都不能由总经理决定，而应直接由董事会决定。

【案例】

2023年5月11日，京东集团宣布徐雷不再担任集团CEO一职，CFO许冉接替徐雷成为集团新任CEO。

据悉，徐雷并不会“彻底退出京东”，而将成为京东集团顾问委员会首任理事长，他将继续参与京东集团战略、组织、业务方面的管理与项目工作。

京东集团顾问委员会是一个为京东隐退高管们定制的机构，这些高管包括有重要贡献和功劳的人员。在京东内部会议上，刘强东解释了自己与徐雷的关系，将自己定位为务虚，而徐雷为务实，负责具体的任务。

新任CEO许冉被认为是刘强东最信任的下属之一，她长期供职于京东集团财务部门，并参与了公司的并购、重组和上市事务。许冉的行事风格被描述为低调、稳定和有条理，她将继续支持刘强东的低价策略。京东集团在刘强东强势回归后进行了一系列调整，将低价策略确定为未来三年的重要战略。

徐雷在他的领导下使京东集团保持快速增长和活跃用户的爆炸式增长，但京东集团现在面临着增长放缓的挑战，夺回低价优势成为关键任务。许冉的财务专业背景和执行能力被认为能够在执行刘强东的低价策略中发挥重要作用。

第二节

老板离场管理的前提是具备业财管控能力

有的老板经营企业时间长了，感到非常辛苦，就想实现离场管理，交给管理层运营。老板离场管理的前提是不能失去对企业的控制，其中财务管控就是一种重要的手段。

企业家可以分为以下四个层级。

第一层级：生意人，创业及生存期的企业家多数属于这一层级。

第二层级：职能型企业家，在某一方面有较强的能力，如营销能力或研发能力。

第三层级：管控型企业家，主要工作就是搭建平台、整合资源。

第四层级：投资赋能型企业家，运用资本进行投融资，并提供智力辅导赋能。

老板从生意人向投资赋能型企业家转型，一定要带领团队学习业财知识，学习用财务的手段进行管控，否则就看不懂财务数据，就不能通过报表进行评价。

具体来说，老板要想离场管理，需要具备以下几项能力。

（1）能看懂财务报表：愿意看，希望通过财务报表掌握企业经营状况，看完后知道好坏，可以确定经营决策的方向。

（2）会解读财务数据：能透过财务数据看到经营状况、业务实质。

（3）从数据到行动：能从数据对应业务，找到业务改进的方向。

【案例】

某钢贸企业的老板想要离场管理，于是去国外休假一年。其间，总经理为了扩大规模，采取激进的经营策略，与财务总监擅自融资近5000万元，而且融资不是通过银行，而是通过民间借贷。没想到经营目标没达成，无法偿还债务，导致企业银行账号被冻结。经了解，原来董事长与总经理在经营决策上经常意见不一致：董事长希望稳扎稳打，总经理想大干快上。董事长出国期间，总经理乐观估计了市场形势，想提高当年利润，所以通过融资大量囤积钢材，却没想到钢材价格下降，卖不掉，就采用赊销策略，货款又收不回来，最终导致企业现金流出现问题，资金链断裂，于是继续借款，经营情况没有好转，依然不能偿还贷款，最终造成以上后果。

老板应该掌握一些财务指标，通过这些指标了解企业的经营状况。

第三节

中高层管理者要了解自己承担责任的财务指标

作为中高层管理者，了解自己所承担责任的财务指标非常重要，因为这些指标反映了企业的财务和业绩状况。以下是一些常见的财务指标。

营业收入：企业从销售产品或提供服务中获得的总收入。它是企业财务状况和业绩的重要指标之一。

毛利润：营业收入减去直接成本（如原材料成本和直接劳动成本）后的剩余金额。毛利润显示了企业生产和销售产品的盈利能力。

净利润：营业收入减去所有费用（包括销售费用、管理费用、利息费用等）后的剩余金额。净利润是评估企业盈利能力的核心指标之一。

利润率：净利润与营业收入的比率。利润率可以帮助评估企业在每一单位销售额上所获得的利润水平。

财务比率：包括流动比率、速动比率、负债比率等指标，用于评估企业的流动性、偿债能力和财务稳定性。

现金流量：企业在日常经营、投资和筹资活动中所产生的现金流入和流出。现金流量是评估企业经营状况和偿债能力的重要指标。

固定成本和可变成本：固定成本是与生产规模无关的成本，如租金和固定工资；可变成本随着生产规模的变化而变化，如原材料成本和直接劳动成本。了解固定成本和可变成本可以帮助管理者进行成本控制和经营决策。

投资回报率：衡量投资项目盈利能力的指标。投资回报率指标可以帮助管理者评估投资的效果和回报水平。

这些只是财务指标的一部分，中高层管理者应该对这些指标进行深入了解，并能够解读和分析财务报表，以便制定正确的战略和作出经营决策。此外，财务知识和技能的持续学习对提升管理能力也至关重要。

中高层管理者负责企业主要业务部门，对业务部门的运营状况必须了如指掌，所以需要通过财务指标进行管控，如果这些指标显示运营情况良好，那么最后的结果就不会差。这些指标同时也是考核指标。

下面就列举一些由各部门负责的财务指标，我们形象地称它们为“管理驾驶舱”。

销售总监驾驶舱：客户满意度、销售额、毛利率、应收账款余额、一元收入费用负担率、回款周期、超期存货占销售比重。

采购总监驾驶舱：超期存货比率、采购总额、采购周期、应付账款余额、应付账款周转率。

老板、管理层要建立企业“管理驾驶舱”的概念。

第四节

老板、总经理应该掌握的六项业财管控内容

老板、总经理要深入学习业财管控，因为这是大公司管理的手段与方法。一名优秀的企业家一定是半个财务专家，一名优秀的总经理一定是财务专家。因此，老板、总经理既要懂业务，还要懂财务，并做到经营有道，管理有方，管控

有力，价值最大。

老板、总经理应该掌握以下六项业财管控内容。

预算管理：制定和监控财务预算是管理财务的核心之一。老板、总经理需要与财务团队合作，制定年度预算，并确保各部门在预算范围内运作。定期审查和分析预算执行情况，并根据需要进行调整。

成本管理：有效的成本管理对提高企业的盈利能力至关重要。老板、总经理应该了解企业的成本结构，包括固定成本和可变成本，并通过优化供应链、控制生产成本和优化业务流程等方式降低成本，同时保证产品或服务的质量。

现金流管理：确保企业拥有足够的现金流是企业生存和发展的关键。老板、总经理需要密切监控企业的现金流量，管理应收账款和应付账款，优化库存管理，制定有效的收款和付款政策，并预测和规划未来的现金流需求。

资本投资决策：作为老板或总经理，可能需要负责涉及重大资本投资项目的事项。这可能包括购买新设备、扩大生产能力或并购其他公司等。需要进行详细的财务分析，包括投资回报率、现金流量分析和风险评估等，以确保投资决策符合企业战略并能带来可持续的回报。

绩效评估和管理：确保企业的业绩与设定的目标一致是重要的管理职责之一。老板、总经理应该建立绩效评估体系，设定关键绩效指标，并定期对业务和财务绩效进行评估。根据评估结果，采取相应的行动，如激励措施或绩效改进计划，以实现目标并提高绩效。

风险管理：识别、评估和管理风险是保证企业利益和可持续发展的重要手段。老板、总经理需要与团队合作，确定潜在风险，制定风险管理策略，并建立监控和控制机制，以减少风险对企业的负面影响。

以上六项业财管控内容涵盖了财务管理的关键领域，老板、总经理应该深入了解和掌握这些内容，并与财务团队密切合作，确保企业的财务健康和顺利运营。

第八章

风险可控准则

健全内部控制和风险管理体系

当意识到风险时，风险已经减半。所谓风险可控，就是风险不可能为零，但必须在可控范围内。风险时刻存在，要敢于承担风险，这是老板对待风险的正确态度。

第一节 关于风险的基本概念

不能因为有风险而不去做事，要做到风险可控。这里说的风险，不仅仅是财务或税务风险，还有生产、研发等方面的风险，比如生产部门出工伤的风险、研发部门研发失败的风险，相关管理层需要考虑如何进行风险管控。

老板为什么能成为老板？因为他具有三大品质。

第一品质：有胆识，敢于承担风险。

第二品质：有见识，拥有丰富见识。

第三品质：有知识，持续学习知识。

敢于承担风险并不意味着盲目，要注意控制风险，要有胆有识。

【案例】

山姆·阿尔特曼是Loopt移动应用程序的创始人之一，该应用程序允许用户实时分享位置信息。Loopt在早期阶段获得了Y Combinator的种子融资，并通过红杉资本和New Enterprise Associates完成了多轮融资。然而，在Facebook和Foursquare的竞争下，Loopt逐渐失去了竞争力，最终于2012年以4340万美元的价格被Green Dot收购。这次出售导致山姆·阿尔特曼与他的合作伙伴结束了长达九年的恋爱关系。

随后，山姆·阿尔特曼成为Y Combinator的总裁，并进行了大刀阔斧的改革。在他的领导下，Y Combinator扩大了合伙人团队，并设立了早期支持基金和增长基金，投资了许多明星企业，如Airbnb、Dropbox和Stripe。在他的五年任期内，Y Combinator的被投公司市值合计达到6000亿美元。

山姆·阿尔特曼与马斯克共同创办了OpenAI，这是一个非营利机构，旨在确保人工智能不会对人类构成威胁。OpenAI致力于研发通用人工智能（AGI），并得到了硅谷知名人士的支持和投资。山姆·阿尔特曼与微软合作，微软投资了OpenAI，并提供了Azure云平台的支持。经过努力，OpenAI开发出了名为ChatGPT的AI模型，并取得了巨大成功。

山姆·阿尔特曼在移动应用程序领域和人工智能领域都取得了一定的成就，并通过创办和领导多个公司和组织，对行业产生了重要影响。

第二节

保证健康现金流，否则风险不可控

企业经营在任何阶段都不能缺少现金，经营的最后一道防火墙就是现金，所以必须保证企业现金流健康，否则风险太大，企业承受不了。过度负债风险不可控，过度投资风险不可控，盲目扩张风险不可控。

【案例】

20世纪90年代末，Pets.com和Living.com是两个在互联网泡沫时期引起轰动的互联网企业。Pets.com是在线宠物用品零售商，而Living.com是在线家居商店。这两家公司都在短时间内筹集了大量资金，并进行了大规模的营销和推广活动，但最终由于现金流问题和无法实现盈利而破产。

亚马逊是这两家公司的重要股东，但亚马逊幸存下来并获得成功。这是因为亚马逊在泡沫破灭之前建立了稳定的融资渠道，并且具备持续和足够的现金流。亚马逊成立于1994年，于1997年上市，早于Pets.com和Living.com，因此在泡沫破灭时具备了更多的资金储备和牢固的商业基础。

此外，亚马逊在泡沫破灭之前成功地进行了一笔重要的海外融资，获得了足够的现金流来生存并继续发展。这种领先优势和充足的资金注入使亚马逊能够在竞争激烈的市场中生存下来，并最终取得成功。

亚马逊的例子表明，在互联网时代，持续和足够的现金流对企业的生存至关重要。即使一家公司能够迅速提高销售额和扩大市场份额，但缺乏现金流支持其运营和赢利，它也会面临破产的风险。

因此，建立稳定的融资渠道和保持良好的现金流管理对于企业的长期成功非常重要。

第三节

税务风险可控原则

税务风险是指企业或个人在纳税过程中面临的潜在风险和挑战，可能导致税务合规问题或财务损失。以下是一些常见的税务风险。

税法合规风险：不遵守适用的税法规定可能导致法律和财务后果。这包括错误的报税、未按时申报、未进行信息披露等。

税务解释风险：税法解释的模糊性和多样性可能导致不同的解释和争议。这可能使组织面临与税务机构之间的争议，例如对于税务义务的不同理解或税务减免的合法性。

税务筹划风险：不当的税务筹划行为可能被认定为避税行为或违反反避税规定。如果税务机构认为税务筹划行为的主要目的是逃避税务责任，可能会面临罚款等处罚。

跨境税务风险：涉及不同国家或地区税法的跨境交易和活动会增加复杂性和风险。跨境利润转移、避税架构和税务优惠的合法性都可能受到审查和挑战。

税务合规风险：未按时、准确和完整地履行税务申报义务，或未保留适当的文件和记录，可能导致罚款和滞纳金，甚至触发税务审计。

税务审计风险：税务机构对纳税人的税务申报和纳税义务进行审查和调查的可能性存在风险。这可能会导致额外的纳税责任、罚款和利息，以及增加财务和管理成本。

税务合规风险：税务合规要求的复杂性和多样性可能导致错误或遗漏。例如，未按时缴纳预缴税款、未报备适用的税务登记或未履行相关信息披露义务。

这些税务风险的具体影响取决于税法和税务制度，以及实际情况和行业特点。为了降低税务风险，组织和个人应积极采取合规措施，咨询税务专业人士，并与税务机构建立积极的合作关系。

税务问题一直是民营企业的痛点，税是企业的一项成本。企业要关注税务风险，不能让纳税出现问题，坚决不能触碰红线。

第四节

提升管理成熟度要系统化，否则风险不可控

提升管理成熟度的系统化意味着将管理过程和方法变得有组织、可持续和可衡量。这样做的好处如下。

实现一致性和标准化。系统化的管理成熟度提升可以确保在整个组织中实施一致的管理实践活动和标准。这有助于消除不必要的差异和混乱，并建立起全员共同遵循的管理框架。

提升效率和效果。系统化的管理成熟度提升可以提高管理活动的效率和效果。企业通过制定明确的目标、建立有效的流程和程序，并采用适当的工具和技术，可以更好地组织和管理资源，减少重复劳动，优化决策过程，并提升绩效。

可持续改进。系统化的管理成熟度提升可以鼓励组织进行持续改进。通过建立反馈机制、收集和分析数据，以及制订改进计划，组织能够识别问题、发现机会，并采取相应的措施，不断提高管理水平和业绩。

有助于风险管理。系统化的管理成熟度提升有助于组织更好地识别、评估和管理风险。通过建立风险管理框架、制定风险控制措施，并确保管理活动的透明度和追踪性，组织能够更有效地应对和减少潜在的风险和不确定性。

有助于组织学习和知识管理。系统化的管理成熟度提升有助于组织学习和知识管理的有效实施。通过记录和分享最佳实践、经验教训和知识资产，组织学习可以促进知识共享和团队协作，避免重复工作，并建立起组织学习的文化。

总的来说，通过系统化的管理成熟度提升，企业能够更好地组织和优化其运营和管理活动。这不仅有助于提高效率、降低成本，还可以增强组织的竞争力和可持续发展能力。

一家企业管理最大的风险，就是出现了一个不可替代的人。这个人有可能是老板自己，也有可能是其他人，这样的企业没办法复制。要想走得更远，就要搭好桥，铺好路，把团队培养起来，只有企业业务发展好，自己才能更好。把运营体系建设得井然有序，让人、财、物在管理层的带领下高效率运转，多赚、快赚、巧赚。

第九章

体系建设准则

只有系统化才能复制，才能做大

体系建设就是标准化、流程化，铺路搭桥，把企业打造成“铁打的营盘”，降低对个别人的过度依赖，只有系统化才能复制，才能做大。

第一节 企业管理体系的构成

企业发展到一定阶段，必须建立并完善企业的管理体系，如果不能完善管理体系，后续的发展将受到影响和制约。一个完善的企业管理体系主要由以下七个子系统构成，每个子系统在企业发展的不同阶段，都经历着从无到有，从不完善到完善的过程。

系统都是从无到有，从不完善到完善。企业管理是人和系统的集合。人是一个重要因素，但不能特定化，具备能力的人都能胜任。完善的系统，可辅助人，借事修人。

企业管理体系通常由以下几个主要部分构成。

（1）组织结构。组织结构定义了企业内部各部门、职能和岗位之间的关系和层级结构，如组织的分工、权责和沟通渠道，确立了企业内部的权力和职责分配，为企业管理提供了组织框架。

（2）流程和制度。流程和制度是规范企业运作的规则和规范，包括各种运营、管理和决策流程，如生产流程、采购流程、财务流程等，以及企业内部的各种政策和规章制度。它们指导和约束着企业内部的各项活动，确保工作按照既定规则和标准进行。

（3）人力资源管理。人力资源管理涉及员工的招聘、培训与发展、绩效评估、薪酬与福利、员工关系等方面，旨在获取、开发和激励企业所需的人才，建立和维护良好的员工关系，确保人力资源的合理配置和优化利用。

（4）质量管理。质量管理是确保产品和服务质量的关键要素，包括建立质量标准和流程、进行质量控制和检查、持续改进和客户满意度调查等。质量管理体系旨在确保产品和服务的一致性、可靠性和满足客户的需求。

（5）绩效管理。绩效管理指评估、管理员工和组织绩效，涵盖设定明确的目标和指标、定期评估和反馈、激励和奖励优秀表现等。绩效管理体系有助于提高员工的工作动力和绩效，促进企业整体绩效的提升。

（6）知识管理。知识管理涉及企业内部知识的获取、共享和应用，包括知识的获取与创造、知识的组织与存储、知识的共享与传递等。知识管理体系有助于促进企业内部知识的流动和创新，提高组织学习能力和竞争力。

（7）制度监督与改进。制度监督与改进是确保管理体系有效运行和持续改进的重要环节，包括内部审计、风险管理、改进计划等。

简单来说就是：经营管理 = 人 + 系统。企业通过培训提升员工的能力，通过提升员工能力优化系统，借人成事。

一般来讲，企业经营管理系统由八大部分组成，分别是战略管理系统、产品系统、文化系统、品牌系统、激励系统、财务系统、供应链系统和营销系统。

业财税体系建设系统，是将业务、财务与税务融为一体的系统。这个系统可以解决企业的几个难题，例如企业做什么，谁来做，怎么做，怎么样能做得好，怎么样能做得久。

业财融合系统分为四个步骤，对企业和老板有以下要求：老板要成为一位懂业财融合的老板；企业要有数据化管理的高管环境；企业要建设并完善一套符合业务的财务系统；企业要打造一支强大的业财融合的财务军团。

通过业财融合系统，企业会得到以下好处。

提高财务管理效率：通过集成业务系统和财务系统，可以减少数据输入和处理的重复工作，提高财务管理效率。

实现财务数据共享：业财融合系统可以实现不同部门之

间的财务数据共享，从而提高企业内部的协作效率。

降低财务风险：通过业财融合系统，可以实现对企业各项财务指标的实时监控和分析，及时发现和解决财务风险。

提高管理决策水平：业财融合系统可以帮助企业管理层更好地了解业务和财务状况，从而作出更加准确的管理决策。

降低成本：通过业财融合系统，可以减少企业在人力、物力、时间等方面的成本，提高企业的运营效率。

第二节

体系建设准则的逻辑

随着市场的变化，管理需要不断更新。管理升级包括团队升级和系统升级。系统化解决问题与协调解决问题的区别是，一个是解决效率，一个是解决数量。系统化是企业复制、做大和传承的基础，管理成熟度太低，依赖特定的人，这样的企业不可能传承、复制。真正成熟的企业，其员工的分工不同：中层员工负责建设、完善体系，进行决策、协调；基层员工负责执行。

进行企业的体系化建设有以下几个重要目的。

提高组织效率：通过建立合理的组织结构、明确的流程和制度，提高组织的运作效率。良好的组织体系可以明确各部门和岗位的职责和权限，优化沟通和协作，减少决策层级，提高工作效率和响应能力。

优化资源配置：企业体系化建设可以帮助企业优化资源的配置和利用。通过明确流程和制度、规范资源的使用和管理，可以减少资源浪费，提高资源的利用效率。合理的人力资源管理和绩效管理体系可以确保人力资源的合理配置和激励，进一步提高资源效益。

提升质量和竞争力：建立质量管理体系可以确保产品和服务的质量，满足客户的需求，提升企业的竞争力。良好的质量管理体系能够规范质量标准和流程，进行质量控制和改进，提高产品和服务的一致性和可靠性，提高客户的信任度和满意度。

推动创新和发展：企业体系化建设有助于推动创新和发展。建立创新和研发体系，促进创新流程和知识管理，有助于培养创新文化和提升创新能力。规范的研发流程和资源投入可以提高研发效率，推动新产品和技术的开发，增加企业的竞争优势。

提升管理水平：企业体系化建设有助于提升管理水平和

决策质量。明确的流程和制度可以规范决策过程，减少主观判断和偏差，提高决策的科学性和准确性。绩效管理体系可以促进绩效评估和反馈，激发员工的工作积极性和创造力，推动企业整体绩效的提升。

降低风险和提高稳定性：企业体系化建设有助于降低风险并提高企业的稳定性。规范的流程和制度可以减少错误和失误的发生，提高风险识别和管理能力。良好的组织体系和人力资源管理体系可以确保企业的稳定运作和人才储备，降低人员流动性和减少变动带来的不稳定因素。

简单来说，老板主要推动的事情就是定战略、设架构、搭班子、建体系。

只有把事情越做越简单，企业才算是找到了正确的方法论。

企业的各业务部门的管理层必须考虑完善自己部门的职能系统，营销总监负责营销系统，采购总监负责供应链系统，人力资源总监负责激励系统，财务总监负责财务系统，把每个职能都变得标准化、流程化、体系化，管理成熟度才能提高。

通过系统化解决企业的问题，每个人都把自己的本职工作做好，实现系统化，那老板的职责就很明晰了：老板是商业战略趋势把控专家，老板应持续不断找到企业新的盈利增长点，老板应使现金流和公司估值最大化。企业的基础设施建设目标是构建业财税一体化系统，让企业有希望，财富有保障，事业有传承。

总之，老板是公司的总设计师。具体来说，利润是设计出来的，现金流是设计出来的，财务是设计出来的，公司也是设计出来的。

第三节

体系建设是企业发展壮大的重要因素

企业的发展一般都要经历六个阶段：创业期、生存期、成长期、扩张期、成熟期、衰亡期。其中包括现金、资源、个人能力、战略与方向、员工素质与结构、系统与控制等，它们在企业发展的不同阶段有着不同的作用。

【案例】

华为技术有限公司（简称“华为”），成立于1987年，总部位于广东省深圳市龙岗区。华为是全球领先的信息与通信技术（ICT）解决方案供应商，目前拥有约19.7万名员工，业务遍及170多个国家和地区，为全球30多亿人口提供服务。作为一家100%由员工持有的民营企业，华为通过工会实行员工持股计划，参与人数达到121269人，参与人仅限于公司员工，没有任何政府部门或机构持有华为股权。

华为在人力资源方面进行了大规模的体系建设，这一举措始于1996年。当时，华为市场部的所有正职干部集体辞职，通过竞聘方式筛选出能够适应企业发展需要的人才。在竞聘考核中，约30%的干部被替换下来，为华为的发展注入了新鲜血液。

华为与多家知名公司建立了合作关系，其中包括IBM、Intel、Microsoft等，进行联合研发和合作。华为通过与IBM的合作，学习借鉴其业务模式和管理经验，同时引入IBM集成供应链管理和咨询顾问，进行内部管理和业务流程的改进。

2000年，华为引入了IBM集成供应链管理，并进行了组织结构的调整，成立了统一的供应链管理部门，涵盖生产制造、采购、客户服务和全球物流等方面。此举有助于提高供应链效率和管理水平。

2002年，华为遭遇了创立以来的首次负增长。然而，华为通过对自身管理流程和组织架构的改革，以及与IBM等公司的合作，成功解决了转型问题，并在五年内开展了一系列项目，应对产品转型和管理改进的挑战。

通过引入IBM咨询的8个管理模块，华为与IBM共同努力改进了产品研发流程和供应链，建立了集成供应链体系，并塑造了“狼性”企业文化。华为明确了从市场营销到产品研发的一系列流程，并通过改革项目如IPD（集成产品开发）、ISC（集成供应链）、IT系统重整和财务统筹等，最终成为国际化大型企业。

华为的成功得益于对组织架构和管理流程的不断改进，以及与合作伙伴的紧密合作。

在企业创业期和生存期，以下因素对企业的生存和成功至关重要。

（1）创业者的能力、经验和决心对企业的成功起着关键作用。他们需要具备创新思维、领导能力、决策能力和适应变化的能力，以及应对各种挑战和困难的能力。

（2）创业者需要确保其产品或服务符合市场需求，并能提供独特的价值主张。了解目标客户群体、市场趋势和竞争环境，进行市场调研和验证，可以帮助创业者确保其产品或服务的市场可行性。

（3）资金是创业期和生存期企业的生命线。创业者需要制定有效的资金筹集和管理策略，包括寻找投资者、筹集初始资金、合理运用资金、精确预测现金流等。合理管理资金可以帮助企业避免出现资金短缺和债务问题。

（4）拥有一支优秀的团队是创业期企业成功的关键。创业者需要招聘和培养满足企业需求的人才，建立高效的团队合作机制，共同努力实现企业的目标。团队的能力、激情和文化都对企业的发展至关重要。

（5）在竞争激烈的市场中，有效的市场营销至关重要。创业者需要制定明确的市场营销策略，包括品牌建设、市场推广、客户关系管理等，以吸引客户、提高市场份额和实现持续增长。

（6）创业者需要具备灵活性和适应能力，能够快速调整战略、改进产品或服务，并及时应对市场变化和竞争挑战。由于创业期企业常常面临快速变化和具有不确定性的环境，因此，创业者需要有快速适应环境变化的能力，灵活应对问题。

这些因素相互关联，共同决定着创业期和生存期企业的成败。创业者需要全面考虑这些因素，并在实践中不断学习、调整和改进，以增加企业生存和成功的机会。

概括来讲，创业期和生存期影响企业发展的因素主要是现金、资源和企业所有者的工作能力以及企业及个人的目标。

在企业成长期、扩张期和成熟期，以下几个因素对企业的发展和成功至关重要。

（1）企业需要制定清晰的长期战略规划，并具备有效的执行能力。这包括确定市场定位、产品组合、扩张策略、合作伙伴关系等，以实现可持续的增长和增加竞争优势。

（2）随着企业规模的扩大，运营效率和流程优化变得至关重要。优化供应链、降低成本、提高生产效率、优化客户服务等可以帮助企业在市场中保持竞争力，并实现更高的利润率。

（3）在企业成长期和扩张期，创造和提升品牌价值和市场影响力至关重要。有效的品牌营销、广告宣传、市场推广和公关活动，可以提高消费者的认知度和信任度，从而吸引更多的客户和合作伙伴。

（4）在不断变化的市场环境中，创新是推动企业发展的重要因素。企业需要保持持续的研发投入和创新能力，不断推出新产品或服务，满足市场需求，并与竞争对手保持差异。

（5）随着企业规模的扩大和复杂性的增加，人才管理和组织文化变得尤为重要。招聘、培养和留住高素质的人才，建立积极的组织文化和团队合作，有助于推动企业的成长和创造持续的竞争优势。

（6）在企业扩张期和成熟期，企业需要有效的资金管理和财务稳健性。这包括确保资金充足、合理运用资金、进行财务规划和风险管理，以确保企业的稳定发展和盈利能力。

这些因素在企业的不同发展阶段起着关键作用，相互交织并共同影响着企业的成长和成功。企业需要全面考虑这些因素，并根据自身情况进行相应的战略调整和采取管理措施，以实现可持续发展和提高竞争优势。

总的来讲，在企业成长期、扩张期、成熟期，影响企业发展的主要因素是战略与方向、员工素质与结构、管理控制系统、企业所有者的分权能力。

尤其是在企业度过生存期后，企业的体系与控制是促进企业发展的重要因素，企业管理体系的完善程度，是决定企业能否长远走下去的重要因素。

所以，建设完善的企业管理体系，包括战略管理系统、产品系统、营销系统、供应链系统、财务系统、激励系统，再进一步完善品牌系统、文化系统，最终形成业财一体化的战略经营管理集成系统。

从长久经营的视角来看，企业需要货币化的语言体系来完成对整体的认知。

企业的货币化语言体系是指在企业经营和财务管理中使用的一套涉及货币价值的语言和工具。它主要包括以下几个方面。

（1）财务报表是企业货币化的主要工具之一，包括资产负债表、利润表和现金流量表。这些报表以货币单位计量和呈现企业的财务状况、业绩和现金流量，提供了对企业价值和经营状况的定量评估。

（2）企业依据会计准则和原则进行财务会计和报告，以确保财务信息的准确性、可比性和透明度。这些准则和原则规定了如何计量和记录企业的货币价值，包括资产、负债、收入、费用等。

（3）成本会计是一种用于衡量和计算企业生产和运营成本的方法。它通过将各种资源、人力、原材料和间接费用转化为货币价值，计算产品或服务的成本，并用于决策制定、定价和绩效评估。

（4）经营预算和财务规划是企业管理中的重要工具，用于规划和控制企业的收入、支出和利润。它们以货币为基础，预测和规划企业的财务目标和资源分配，帮助企业提升盈利能力和实现可持续发展。

（5）企业使用各种绩效评估和指标体系来衡量和评估业务绩效。这些指标可以是财务指标（如利润率、回报率），也可以是非财务指标（如市场份额、客户满意度），通过货币化的方式提供对企业绩效的定量度量和比较。

（6）企业进行资本预算和投资决策时，通常涉及货币化的考量。通过评估和比较不同投资项目的现金流量、回报率和风险，企业可以选择最具经济效益的投资机会，以实现资本增值最大化。

货币化的语言体系可以帮助企业将经营和财务活动转化为货币价值，并为企业管理者、投资者和利益相关者提供一种共同的语言和框架。

用货币化的语言体系创建经营视角的地图，让管理者站在更高维度看企业经营全局，实现高效协作与协同。

后记 POSTSCRIPT

“读书是学习，使用也是学习，而且是更重要的学习。”学习理论知识是为了能将其更好地应用在实践中。实践与学习同等重要，这二者相辅相成，缺一不可。

我们从小到大都在不断地学习，幼儿园、小学、初中、高中、大学，以及在社会这个大熔炉中，每一个阶段都在学习。学习伴随我们一生。

知识和实践相结合才能展现知识真正的价值。波斯（今伊朗）著名诗人萨迪说过：“有了知识不运用，如同一个农人耕而不播种。”我们要将知识用于实践当中。

就医生而言，一个医生不仅要掌握病理知识，还要有丰富的临床经验。他要在为病人诊治时，将他学到的知识与病人的实际情况相结合，找出病因，使用正确的治疗方法。我们要在实践中学习，巩固自己的理论知识。

如果只知道学习理论知识，而无法将知识应用到实践当中，那么这些知识就是无用的。相反，我们在实践中没有知识的帮助，那么实践的效果就会大打折扣，不仅达不到效果，还可能使事情变得更糟。

实践是检验真理的唯一标准，我们不仅要掌握理论知识，还要将学到的知识应用到现实生活当中，让知识“活”起来。

投入实践，是学习知识的重要目的，也是将知识转化为生产力的唯一途径。不妨现在就拿出纸和笔，把你面临的企业管理问题都写下来，然后翻阅本书，尝试在问题点与知识点之间连线，进而思考如何运用学到的知识去解决问题。

子曰：“学而时习之，不亦说乎。”学到知识之后，不停地在实践中练习，收获的将不仅是企业业绩的提升，还有心灵的愉悦。

我们不介意读者“蹂躏”本书，在书上画线、作标记，在空白处写上自己的阅读心得，把此书作为企业内训的教材，甚至借给朋友阅读，真正将其读“破”，这样，这本书才能发挥其应有的作用，而不是只作为书柜里的装饰品。

当然，料想你会感到意犹未尽，因此，我们近期还会将广受企业家欢迎的经典线下课程内容整理后出版，以满足爱学习的你的需求。

致谢

在编写本书的过程中，笔者参考了大量的相关书籍，由于水平所限，难免存在不足之处，请广大读者斧正。

另外，诚挚感谢国财全体同人，尤其是国财技术咨询中心倪老师、廖老师、杨老师、唐老师等全体老师在编写本书的过程中的辛勤付出。